光尘
LUXOPUS

最温柔的
陪伴

成为我们想成为的父母
从全新的视角看待孩子

[韩]吴恩瑛(오은영) 著
[韩]车尚美(차상미) 绘
张梦蕊 译

中信出版集团｜北京

图书在版编目（CIP）数据

最温柔的陪伴 /（韩）吴恩瑛著；（韩）车尚美绘；张梦蕊译 . -- 北京：中信出版社，2023.6
ISBN 978-7-5217-5569-5

Ⅰ.①最… Ⅱ.①吴…②车…③张… Ⅲ.①家庭教育 Ⅳ.① G78

中国国家版本馆 CIP 数据核字（2023）第 059223 号

＜오은영 박사가 전하는 금쪽이들의 진짜 마음속＞
Copyright © 2022 by 오은영
Published in agreement with OEUN Life Science
c/o Danny Hong Agency, through The Grayhawk Agency Ltd.
本书简体中文版由北京光尘文化传播有限公司与中信出版集团联合出版
本书仅限中国大陆地区发行销售

最温柔的陪伴
著者：　　［韩］吴恩瑛
绘者：　　［韩］车尚美
译者：　　张梦蕊
出版发行：中信出版集团股份有限公司
（北京市朝阳区东三环北路 27 号嘉铭中心　邮编　100020）
承印者：　三河市中晟雅豪印务有限公司

开本：880mm×1230mm　1/32　　印张：9　　字数：150 千字
版次：2023 年 6 月第 1 版　　　　　印次：2023 年 6 月第 1 次印刷
京权图字：01-2023-2206　　　　　　书号：ISBN 978-7-5217-5569-5
定价：59.00 元

版权所有·侵权必究
如有印刷、装订问题，本公司负责调换。
服务热线：400-600-8099
投稿邮箱：author@citicpub.com

把爱和肯定，
变成孩子行走世界的底气

目录

序言 | 孩子心目中的"我们的偶像" VIII

Chapter 1

绝非理所当然的**成长**

孩子的诉求 看起来好像理所应当,其实并不是这样的! 002
认生 | 并不是因为讨厌,而是因为怕受伤害 006
学走路 | 一种天旋地转的感觉 013
吃饭时 | 请不要说"吃呀""咕嘟咕嘟咽下去"之类的话了 019
上厕所 | 关系到我的自尊心 025
学说话 | 我也想说话,请跟我说说话吧 030
写字 | 真头疼,非要现在学会吗? 037
弟弟妹妹的存在 | 妈妈变心了! 妈妈现在好像不爱我了 041
第一次去幼儿园 | 我想舒舒服服地待在家里,你们是想把我送走后自己玩吗? 048
营养餐 | 吃了感觉会死,不吃又会被骂 056
睡觉 | 睡了我就不能玩了,亏大了 059
个子矮 | 别说身高了,就不能说点别的吗? 063
解读我的画 | 很烦,不想再画画了 067

其实这样也很烦 ① 071
计时隔离 | 先玩哪个游戏、读几本图画书 | 长篇大论的说教 | 打下手

Chapter 2

甜蜜的烦恼 **朋友**

孩子的心情 朋友，很喜欢他们，但相处起来很难　078
分享玩具｜这是我的安全界限，越界的话我会不安　082
拍一下就跑掉｜感觉像是在打我，他说是不小心的　086
公平的规则｜我真的无法忍受失败！　092
是开玩笑还是欺负我｜到底该如何区分啊？　099
我不优秀｜我没有什么擅长的　108
零花钱｜我也有我的社交需求！　112

其实这样也很烦 ②　119
兴趣班｜零花钱记账本｜
被追着问长大后的理想｜过节

Chapter 3

压力巨大的 **学校生活**

孩子的立场 关系复杂，规则死板，学习痛苦　124
早晨起床｜我不是故意的，我发誓我是想早起的　127
班主任｜和我太不合拍了，我不想去上学　135
校规｜没法让我服从，所以气急败坏了吗？　139
学习｜是想学就能学好的吗？既然已经这样了，
　　　不如破罐子破摔　144
集体受罚｜我并没有犯错，为什么要罚我呢？　150
补习班｜都是妈妈想让我报的　154

其实这样也很烦 ③　160
板着脸也会被管｜周末｜放假｜不能
随心所欲地看漫画、动画片、电视剧等

Chapter 4

孩子最大的难题 父母

孩子的心声　世界上最爱我的人，为什么让我这么累呢？	166
上班的妈妈｜妈妈是我心灵的避风港，	
我想一直跟妈妈在一起	170
忙碌的爸爸｜你到底为什么这么忙呀？	177
妈妈的朋友｜比起我的朋友，妈妈的朋友问题更大	182
爸爸妈妈的语气｜他们肯定又生气了，请对我温柔一些吧	186
发脾气｜爸爸妈妈也有做得不对的时候，为什么只有我	
总挨训呢？	189
"读点书吧"｜这么枯燥难懂的东西，一定要读吗？	193
爸爸妈妈吵架｜他们会离婚吗？会抛弃我吗？	199
不陪我玩｜为什么不陪我玩呢？陪我玩玩吧	205
智能手机｜就像大人有奢侈品一样，我也想要最新款的	
手机	211
视频＆电子游戏｜戒掉这些，就像爸爸戒酒一样难	216
与爸爸妈妈的"约定"｜总是说"不是说好了吗"，这让	
我很郁闷	225
让孩子心累的家长类型 ①	233
可怕的爸爸妈妈｜爱哭的妈妈｜强势的爸爸｜	
事事讲条件的爸爸妈妈	

v

Chapter 5

**孩子的
心情会释放
信号**

不安、孤独、委屈的时候，孩子会感到内心疲惫	240
把负面情绪说出来，才有利于心理健康	244
孩子在承受压力时，一定是需要帮助的	249
孩子压力过大时的几大信号	252
当孩子说"啊，压力好大"的时候……	256
孩子的坏心情和负面情绪，都是孩子自己的事	260
不知道就说不知道，最重要的永远是真诚	263

让孩子心累的家长类型 ②　　　267
表情木讷僵硬的爸爸妈妈｜总爱说"我们那时候"的爸爸妈妈｜不论什么都反驳的爸爸妈妈｜自以为很了解孩子的爸爸妈妈

序言

孩子心目中的
"我们的偶像"

2021年11月,"绿色雨伞儿童基金会"授予了我"我们的偶像"奖项,这令我毕生难忘。虽然听起来像在沾沾自喜,但我那段时间的确得了很多奖,每一个奖项都无比珍贵且令我心存感激。能得到"我们的偶像"这一奖项,我真的感慨万分。毕竟,这是由上百名儿童评委直接选出候选人,并由2787双软乎乎的小手亲自投票产生的奖项。在颁奖时,孩子对我说:"谢谢您爱护我们,维护我们的权利,并教我们的父母学会怎样与我们相处。"这个奖项中饱含着孩子的真情实感,我在发表获奖感言时也忍不住流下了感动的泪水。

孩子在我们心中就像星星一般。当我们迷路时,黑暗夜空中璀璨的星星会为我们照亮前行的路。理解孩子的过程其实也是理解人类的过程,一个家庭、社会和国家如何对待、管理、教育、尊重孩子,其实也折射出这个家庭、社会和国家是如何看待人民的。怀着这样的信念,我至今都在为守护孩子的健康、幸福和权利而奋斗。"我们的偶像"这一奖项再次印证了我的使命,我的耳畔仿佛回荡着孩子内心的呼唤:"无论遇到什么困难,拜托您一定要好好守护我们。"这令我心潮澎湃,热泪盈眶。那天,我更加坚定了竭尽全力,毕生为孩子付出全部心血的决心。

"偶像"这一殊荣,我属实有些担不起,但孩子确实会把能理解他们、保护他们的人当作"偶像"。当感受到被人理解时,孩子的心里会燃起一簇小小的烛火,照亮他们的整个心房。对孩子来说,照亮他们内心的人就是偶像。即便父母经常犯错,只要肯向孩子道歉并请求原谅,孩子一定会跑过来紧紧拥抱父母的。孩子对父母的爱远比父母心里想的更多,所以,无论是在何种情况下,只要父母努力去理解孩子的内心世界,孩子看父母的眼神、对父母的态度就一定会或多或少地发生变化,因为孩子期望父母能理解自己的心,倾听自己的想法。

在我主持的节目《今日育儿——我的宝贝孩子》中,有一个需要父母倾听孩子内心独白的环节。孩子想象出来的朋友"会说话的大象"会用孩子的声音提几个问题,这些问题并不独特,也不尖锐,有些可能还是父母曾经问过的,但听到这些问题后,孩子有时会忘记自己正身处拍摄现场,他们或是大笑,或是呜咽着吐露自己的真心。只要父母真的对孩子的心情感到好奇,想要听孩子说真心话,并试图理解孩子的立场,孩子就会像这样敞开心扉,对父母毫无保留地展现自己的内心世界。在听完孩子的表述后,终于了解他们真实想法的父母往往会哭着感叹:"我从来不知道他是这么想的。"

　　理解了孩子的内心世界,父母就不会再误会孩子,对待孩子问题的态度也会大为改观,而孩子也会因父母的理解获得巨大的力量,在父母的帮助下积极解决自身的问题。在这个过程中,孩子身上的很多问题会奇迹般地好转。在节目的结尾,曾经讨厌妈妈的小孩、害怕爸爸的小孩、撒谎成性的小孩、调皮捣蛋的小孩都会笑着拥抱自己的父母。即便孩子的问题没有全部解决,父母的脸上也露出了比任何时候都幸福的笑容,父母也无比希望能和孩子形成这样和谐亲密的关系。其实,在理解了孩子的真心、倾听了孩子的告白后,变化最大的人恰恰是父母,因为父母才是最爱孩子、最无法放弃孩子的人。

　　最近与一些父母见面时,我时常会感到惊讶。有些父母已经足够了解孩子,并在一定程度上掌握了孩子的性格、喜好、压力来源等,因为他们通过一些媒介对孩子做足了"功课",但是有时候,孩子的问题反而越发严重了。这是因为父母有时候过度重视"功课",反而忽视了孩子自身的诉求、内心的想法和声音。问题出在孩子身上,父母却抛开当事人,互相扎堆聚在一起寻求问题的答案。

在很多情况下,父母会从成人的视角出发,只解决自己看不惯的问题,只把孩子的行为朝着自己想要的方向引导,并不过问孩子不舒服的原因,也不会以帮助孩子放松心情为目的解决问题。因此,父母有时会对孩子不以为意的问题大惊小怪,或是忽视孩子真正严重的问题,甚至在解决孩子某个问题的过程中引发更大的问题。

本书记录了我在临床过程中听到的孩子真实的内心想法,我试着再现孩子当时遇到的实际困难、内心的想法和想表达的话语,针对不同情况下父母应该如何应对提出自己的建议。在育儿过程中,重要的是搭建孩子和父母心灵的桥梁,而这离不开真心的理解。心灵的桥梁搭建好后,人与人才能更加相互信赖,关系才能变得更加亲密,父母才能更加相信孩子,并主动帮助孩子寻求解决问题的办法。

神知道自己不可能无处不在,所以创造了父母,并把父母安排到孩子身边。对父母来说,孩子是夜空中闪闪发光的星星,而对孩子来说,父母则是拥星入怀的浩瀚宇宙。星星对宇宙来说有多珍贵,宇宙对星星而言就有多重要。

让我们一起努力,成为当之无愧的孩子的"偶像"吧!我会永远为你们加油的,爱你们。

吴恩瑛

Chapter 1

绝非理所当然的
成长

孩子的诉求

看起来好像理所应当，其实并不是这样的！

一位母亲曾经问我："吴院长，我的孩子究竟为什么会这样？我想破头也想不通。"父母在理解孩子所遭遇的困境时，总会进入误区，由于自己小时候遇到过类似的困难，并且其他很多孩子都能顺利克服，便认为自己的孩子理所当然也能克服。

孩子在成长发育时期遇到了困难，并不意味着孩子的成长发育出了问题。一般来说，孩子在成长发育的各个阶段都会面对不同的"任务"，比如抬头、坐下、爬行、走路等等。人类通过进化按顺序学会这一件件事，大多数人很快便能自然习得这些能力。前两天还在吃力地蹒跚学步的孩子，可能很快就走得很平稳了。但这个过程不是一帆风顺的。即便孩子学会了吞咽，在吃惯了流食后，哪怕只是吃一点点固体食物，他们也会觉得难以下咽，这是学习新事物造成的"暂时的压力"。孩子每次接到新的成长任务时，都会因恐惧和担心而全身紧绷，精神紧张。

孩子的成长发育是一个过程，我们不能要求孩子毫无障碍地战胜所有困难。要想减轻孩子在这个过程中受到的压力，让孩子朝着积极、进步的方向前进，父母的帮助是必不可少的。父母应该为孩子提供安全的环境，指明正确的方向，让孩子情绪稳定地按照自己的节奏坦然面对各种成长挑战。如果父母好心办了坏事，无意中引导孩子朝着错误的方向走去，或是因为自身的问题无法给孩子提供恰当的帮助，那么这种"暂时的困难"或许会持续很长时间，甚至会影响孩子的整体发育。

来医院就诊的孩子中，有的孩子并没有医学意义上的发育缺陷，却两岁多还不会走路，或是到了四周岁仍离不开奶瓶、无法自主大小便。这些孩子在面对新的成长任务、进入成长的新阶段时，感受不到幸福或喜悦，无法克服新任务带来的困难。之所以会这样，是因为他们还停留在上一个成长发育的阶段，进入新的成长阶段并没有减少他们的压力，反而让他们因更大的困难饱受折磨。

有些父母在发现孩子很难接受新的成长任务时,会觉得"孩子这么辛苦,不能让他慢慢来吗",这就导致父母因为心疼孩子,习惯于为孩子扫清一切障碍,让孩子只做自己熟悉的事。父母认为这是在帮助孩子,但这可能只是使他们自己心里舒服一些,随着时间的流逝,这种帮助反而会给孩子带来更大的痛苦。

如果十个同年龄段的孩子中有七八个能做到某件事,那么您的孩子应该也能做到。如果孩子感觉这件事特别难,家长就应该寻求专家的帮助,指导孩子克服困难。虽说家长不能急于求成,揠苗助长,但也不应该让孩子过于落后。即便孩子会很辛苦,家长也应用长远的眼光看问题,坚持不懈地引导孩子顺利度过成长过程中的瓶颈期。

完成成长任务的过程是很痛苦的,但孩子将逐渐学会控制和调节自己的身体,也会懂得,在接受外界的"制约"并遵循一定的规则后,他们会比现在过得更幸福快乐。只会吃奶的孩子,突然要学会用硬邦邦的勺子吃饭,一定会感到痛苦并充满压力,但一旦习惯了用餐具吃饭,他们便能品尝更多美食,更全面地吸收营养,还能感受到饮食的快乐。换言之,在接受了

"使用勺子"这一外界规则的制约后，孩子会更加幸福快乐。

如果无法应对各种成长挑战，没能培养起调节和控制自己的能力，孩子就会误以为外界的制约一定会压迫自己，让自己无法生存，以致长大后在必须遵守的规范和规则面前，也会叛逆地闹脾气。

作为一种社会性动物，一个人从出生到死亡，会接触许许多多必须做的事、不能做的事和要不断学习的事。孩子的成长挑战就是开始学习"规则的意义"。

成长挑战并非对所有孩子来说都是困难的。从表面上看，很多时候即便父母不施以援手，孩子似乎也可以应对得很好，但即使是这些顺利闯关的孩子，也会因为没得到父母的帮助而感到失落。无论是什么样的孩子，父母都应该在他们的各个成长阶段伸出援手。所有的孩子都需要父母的帮助，只是有的孩子需要得更多，有的孩子只需要一点，而有的孩子只需要父母的注视就够了。你还记得孩子第一次用双腿站立的瞬间吗？那时你一定感慨万千，情不自禁地为孩子欢呼并感到自豪吧？虽然孩子的大脑还无法记住父母那一刻的反应，但当时的感受会一直深埋在他的心底。这份记忆会变成一种感觉，日后每当他克服了困难，这种感觉都会浮上心头。

认生｜
并不是因为讨厌，
而是因为怕受伤害

在孩子面临的问题中，最容易让家长误解的就是"认生"。如果孩子认生，父母往往会想："你的性格怎么这么孤僻啊？"但其实，认生的孩子是这样想的：

> "妈妈，你为什么总是带我去见陌生人啊？我害怕死了，他为什么一直看着我笑啊？这让我更害怕了。啊，他怎么摸我的头呢？是想伤害我吗？妈妈救我啊！什么？竟然让我抱他？我不要！如果抱他，我可能会死。"

如果你总是指责孩子"孤僻",孩子可能会很受伤。"阿姨喜欢你呀,快抱抱阿姨",这样的话在孩子听来也是很残忍的。

在日常生活中,我们都需要与他人建立关系。人际关系是一组同心圆,同心圆正中心通常是对我们来说最重要的人,距离圆心越远的人就越不重要。人人都有自己的同心圆，这决定了我们要与对方建立多么亲密的关系、我们对对方有多信任以及向对方敞开心扉的程度。有些人（比如我们的家人）从一开始就位于圆心，而有些人一开始可能位于圆的最外圈，随着时间的流逝和记忆的积累，他们逐渐移动到更靠近圆心的位置。每结识一个人，我们都会自然而然地决定将其置于同心圆的何处。

在学习建立人际关系的初级阶段，孩子会锻炼出区分亲近和疏远的人、区分值得信赖的人和还不完全信赖的人的能力，而认生则是在孩子判断对方是否值得信赖、是亲近还是疏远对方，从而保护自身的过程中产生的问题。这通常开始于孩子6个月大的时候。起初，孩子对"陌生人"感到恐惧，接着，这种恐惧会越来越弱，在孩子两周岁后几乎消失。

事实上，许多父母也知道认生只是正常生长发育过程中的一环。当孩子6个月左右开始出现认生的情况时，家长一般能放松心态，尝试去理解。但当孩子认生的情况尤其严重，或是其他孩子都没事，只有自己的孩子认生时，父母的处境会比想象中更加艰难，因为孩子见到陌生人，或是第一次去陌生人家里时，可能会哭闹不止。父母会因此感到难为情，担心给别人带来麻烦，也会担心孩子这样哭闹是一种病。

这样的事情多了，有的父母就会不想让孩子见生人，甚至几乎不带孩子外出。有一位来做心理治疗的母亲称，为了避开生人，她通常只在傍晚或者凌晨带孩子去街心公园。有时，孩子只对婆家的人认生，在这种情况下，母亲的立场会更加尴尬。

当孩子认生非常严重时，父母通常会采取以下两种办法。

其一，父母对孩子认生的状况感到不适，又觉得孩子本人也很难受，于是干脆完全不给孩子遇到生人的机会。这样一来，孩子就无法锻炼人际交往的能力。虽然孩子会暂时承受一些压力，但父母绝不能切断外界对他们的一切刺激。所有人都需要建立基本的人际关系，认生的问题是与外界接触的过程中必然会产生的。这是正常发育过程中的一环，我们必须想想办法，帮助孩子顺利解决这个问题。

其二，有些父母选择让孩子认识更多的陌生人，从而推动孩子自己解决这个问题。这其实也不是一个好方法。如果孩子认生的情况非常严重，我们还持续刺激他，孩子就可能会越发情绪化，这样不仅无法改善认生的问题，还会让孩子对所有事情都过度敏感。

要解决孩子认生的问题，首先要理解孩子的心情，要明白此刻孩子内心的想法不是"讨厌生人"而是"觉得不安全、害怕"。孩子内心深处有一种潜在的恐惧，他们担心不熟悉的人可能会对自己造成伤害。当你在黑黢黢的办公室外遇到一个不认识的人，或是独自在深夜乘坐电梯而又遇到陌生人时，哪怕你是成年人也会产生恐惧和警戒心，担心陌生人会伤害自己。产生这种想法并不是因为自身性格孤僻，也不是因为讨厌对方，而仅仅是因为担心自己会受伤。那么此时，孩子会希望父母怎么做呢？孩子希望父母能帮助自己减轻这种恐惧感，让自己不那么紧张，希望父母明确地告诉自己，眼前的陌生人并不是那么令人害怕。

然而很多时候，事情与孩子的期望背道而驰。

父母经常说："没事，奶奶可喜欢你啦！""哎呀，阿姨都把你喜欢的巧克力给你了，过去抱抱阿姨吧。"父母恨不得一股脑儿使出所有的招数，让孩子对陌生人产生好感。在几次试图用这种方式安抚孩子却不见效后，父母会感到慌张，甚至会因此斥责孩子："你怎么突然这样？""他们是你的爷爷和奶奶！爷爷奶奶那么爱你，你怎么能这样呢？"孩子认生，并不是因为觉得爷爷奶奶不爱自己，而是由于对爷爷奶奶不够熟悉，本能地觉得没有安全感，从而产生了恐惧和警戒心。

在危险面前本应好好保护孩子的爸爸妈妈，此时此刻却并不理解孩子的心情，还大喊大叫发脾气，这只会让孩子感到更加害怕，下次再出现类似情况时，孩子会感到更加恐惧。

降低警觉性、减轻恐惧感需要时间，父母应该尽可能平息自己内心的不满情绪，耐心等待。只有如此，孩子才能从这次经历中有所收获。当孩子大哭大闹时，最好的办法是在原地静静地抱抱他，如果只是抱一下就走开，再回来的时候孩子还会哭的。如果已经回到家里，那就先别急着做其他事，先在原地静静地抱抱孩子吧。周围的人最好也不要注视孩子或者和孩子搭话，这对孩子来说也是一种刺激。孩子正被来自陌生人的压力包围，在努力处理自己的情绪，如果此时还要增加新的刺激，孩子就没有冷静下来的力气了。比如，当孩子哭闹时，姑姑安慰说"咱们去超市买糖吃吧"，孩子可能就会想："我已经很害怕了，去超市干吗？她是想把我带走吗？呜呜呜，我更害怕了。"这样一来，孩子当然会哭得更大声。当孩子认生很严重时，请让他一个人待一会儿，不要过多地关注他，这样反而会对孩子更有帮助。与此同时，父母可以轻轻拍着孩子的后背安抚他说"没事的"，直到孩子的哭声平息。

我们在安抚孩子的过程中会发现，孩子哭久了也会累，等他哭累了，会开始环顾周围，当他认识到并没有人会对自己造成威胁，也不会发生什么危险的事时，就会冷静下来了。重要的是，父母要让认生的孩子认识到，这次经历没有给他造成伤害。请不要为了安抚孩子而提出更多建议，比如去哪里或是给孩子什么东西，这些在此时都是无济于事的。

其实，一点也不认生可能也是个问题，在某种程度上说明孩子可能分不清熟悉的人和陌生人。所有人都需要在一定程度上区分亲近的人和陌生人，和陌生人变熟悉也是需要时间和过程的，有了这样的过程，才能形成真正的而非流于表面的人际关系。熟悉得太快的话，我们很有可能只建立了肤浅的表面关系，说明我们对想要建立关系的对象并没有明确的认知。

通常，我们会表扬不认生的孩子"积极、外向、社交能力强"，认为容易认生的孩子"性格不好、内向孤僻"，但认生并非评判性格的尺度。只要没有到病态的程度，与人交往的过程中，出现一定程度的认生和害羞并不一定是坏事。只要顺利度过这个阶段，孩子就能发展出更深入的人际关系，也能较好地分辨熟悉的人和陌生人，辨别哪些是更重要的人、哪些是自己愿意付出更多时间照顾的人。我们无法对所有刚认识的人一视同仁，我们都会有自己的评判等级。因此可以说，认生是人际关系形成的基础。

学走路 | 一种天旋地转的感觉

试想一下,一个只会爬的人能够扶着东西站起来走路,不是一件很了不起的事情吗?但当一个觉得在地上爬很安全的小孩子第一次挺起腰板站直时,哪怕手里扶着什么,他也会害怕自己的腰会折断,或是身体会向前倾倒。孩子对学走路这件事会感到恐惧,他们像螃蟹一样侧着身体,一步一步,就像在悬崖上走钢丝一样战战兢兢。小美人鱼第一次生出双腿,站起来用脚踩在沙滩上时,感到非常刺痛和不适,孩子也会有这样的感觉。当身体摇晃快要摔倒时,他们甚至会感到极度恐惧。刚开始学走路的孩子的感受是这样的：

> "用软乎乎的屁股坐着，是多么舒服呀，但妈妈一直在催我站起来，让我学习走路。我也想学会走路，但我害怕会摔倒，我无法放开手。我明明怕得要死，妈妈却大笑着拍手叫好，让我继续向前走。每走一步，我都觉得天旋地转，唉，双腿都在发抖，太难了。"

爬行，抓着物体站立，走路……这些是人人都必须学会的事情，但是这个过程并不是一帆风顺的。父母太过焦急，只会徒增孩子的压力。

培养运动能力是孩子的一份家庭作业。在完成作业的过程中，孩子不只会收获知识和能力，还会收获责任感、完成作业时的自信，学会信守承诺，并通过完成作业逐渐培养注意力，等等。与此同时，孩子可能感到胳膊疼，屁股疼，身心俱疲，但父母不能因此说"不想学就不学了"，也不能因为这是必须学习的事就说"7岁之前一定要学会，无论如何都得做到"之类的话来逼迫孩子。孩子本就因为父母的不理解而感到压力重重，父母还催促他们快点完成这么难的作业，孩子很难不感到厌烦和疲惫。

原本只会爬的孩子开始用双脚独立行走，这比想象中更有意义。玛格丽特·马勒是匈牙利病理心理学家和精神分析师，致力于研究儿童的发展，提出了"分离-个体化"的理论。她将孩子开始走路的时期定义为"分离-个体化"过程中的关键时期，如果孩子学会了走路，就可以自己走着去尝试做任何事。精神分析法的创始人弗洛伊德认为，这个时期的孩子是唯我独尊的——从前他们只能趴着从下往上仰望世界，现在却可以用双脚站立俯视世界，孩子由此变得自信，觉得自己什么都能做到，也产生了主导性和自律性。

这个时期，孩子会逐渐与妈妈分离，开始更加积极地探索世界。但是，自信满满的孩子突然与妈妈分开，会担心"如果妈妈抛弃我怎么办"，也会意识到自己能做的事情远比想象中要少得多。突然感到害怕的孩子会想："是因为我学会了走路，妈妈才要抛弃我吗？"孩子去远处玩着玩着，会突然跑过来扑进妈妈怀里，这是因为他们对"独立"充满不安和恐惧。此时你只需要说"没事的，你做得很好"，然后拥抱孩子就可以了。玛格丽特·马勒称这是"情感的再充电"。

孩子独自蹒跚学步的时候，如果妈妈能一直注视着孩子，和孩子对视，并给孩子加油打气说"我们××做得真好"，孩子就可以从中获得力量，逐渐克服独立带来的恐惧。家长一定要注意，绝不能因为孩子一个人也能在游乐场玩得很好就暂时离开他。这个时期的孩子，玩着的时候也会偶尔需要妈妈"充电"，如果妈妈不在身边，孩子就会很慌张。如果用打棒球来做比喻，那就是妈妈应该成为随时都能接住球的本垒一样令人安心的存在。不过，因为担心孩子摔倒而一直在后面追着孩子跑，这样的做法是不明智的。随着身体远离妈妈，孩子在心理上也能体会到，妈妈和自己是互相独立的存在，如果在这个过程中妈妈舍不得放手，可能会适得其反。

孩子通过"走路"体验到在身体上与妈妈分离，随着这项运动发展作业的完成，孩子会逐渐进入"独立"或"自主"的心理发展阶段。如果想要孩子顺利度过这一阶段，妈妈在注视着孩子走路时，就必须通过眼神让孩子感到"安心"。孩子迈出一小步时，我们需要以轻松的表情笑着鼓励他："别担心，妈妈会保护你！"像这样一直做出积极的回应，直到孩子的自信心达到最高点。"他真的能走吗？如果受伤怎么办？"包含了类似担心的眼神很难对培养孩子的独立或自律产生好的影响。

有些父母会一直催促还没有做好准备的孩子走路，或是当孩子学不会走路时，表现得极度不安。他们会以"能否独自走路"来判断孩子是否聪明，以及孩子是否培养得好。专家表示，一般来说，18个月前的孩子没学会走路并不是什么大问题，家长可以放宽心。此外，运动功能的发展也因人而异。如果除走路以外，孩子的其他发育也比别人晚，那确实有必要咨询专业医生，但如果只是看到邻居家的孩子在11个月的时候学会了走路，而自己的孩子14个月还没学会走路，就没必要催促孩子。

孩子的心理发育与身体发育密不可分。正如长出第一颗牙后，孩子就开始能分清妈妈和自己是不同的个体一样，人类的发育、发展和成长过程非常奇妙地吻合，这是经过长时间的进化实现的。运动功能还没有发展到可以走路的阶段，也意味着孩子在心理上还没有做好与妈妈分开的准备。在这种时候，如果总是让孩子松开妈妈的手独自学走路，孩子可能会更害怕。如果总是逼着孩子走路，或是牵着孩子的手走着走着，中途突然放手，孩子可能会对"学走路"这件事感到难以言喻的压力。

我遇到过一个来接受治疗的孩子，身体上并没有任何问题，但由于极度不安，一直没学会走路。父母看着其他孩子走路，就对自己的孩子说"有什么好怕的，没事，走走试试啊"，这反而加剧了孩子的不安。在这种情况下，父母应该先减轻孩子的不安感，然后慢慢帮助他练习走路。在经过适当的治疗后，现在那个孩子走路已经没有问题了。

孩子的发育能力正常时，父母不必太过担心，可如果孩子的发育能力本身存在问题，一直悠闲地等待也不是好办法。稍有不慎，孩子之后的其他成长阶段就可能会出现问题。即使孩子很累，父母也要给予适当的刺激，帮助孩子及时完成运动发展作业。如果孩子发育得确实太晚，我认为有必要了解一下是否还有其他原因。

> **吃饭时|**
> 请不要说"吃呀""咕嘟咕嘟咽下去"之类的话了

我治疗过一个小学三年级的孩子。我问他"你有没有吃松饼啊",孩子说非常讨厌松饼。我追问道:"是吗?我虽然不怎么吃年糕类的食物,但吃过里面有蜂蜜和芝麻的蜜糕,那个不是很好吃吗?"没想到孩子立刻变了脸色,对我说:"全世界我最讨厌的食物就是蜜糕!"这个孩子由于小时候吃饭时听了太多的"咕嘟咕嘟"①,现在最不喜欢吃蜜糕。即便我笑着解释"这是两个不同的词哦",孩子还是摇着头说:"就算这样,我也还是听到这个声音就烦。"孩子得承受了多大的压力,才连听都不愿意听啊?

---

① 在韩语里,吃饭时发出的"咕嘟"声与"蜜糕"同音。——译者注

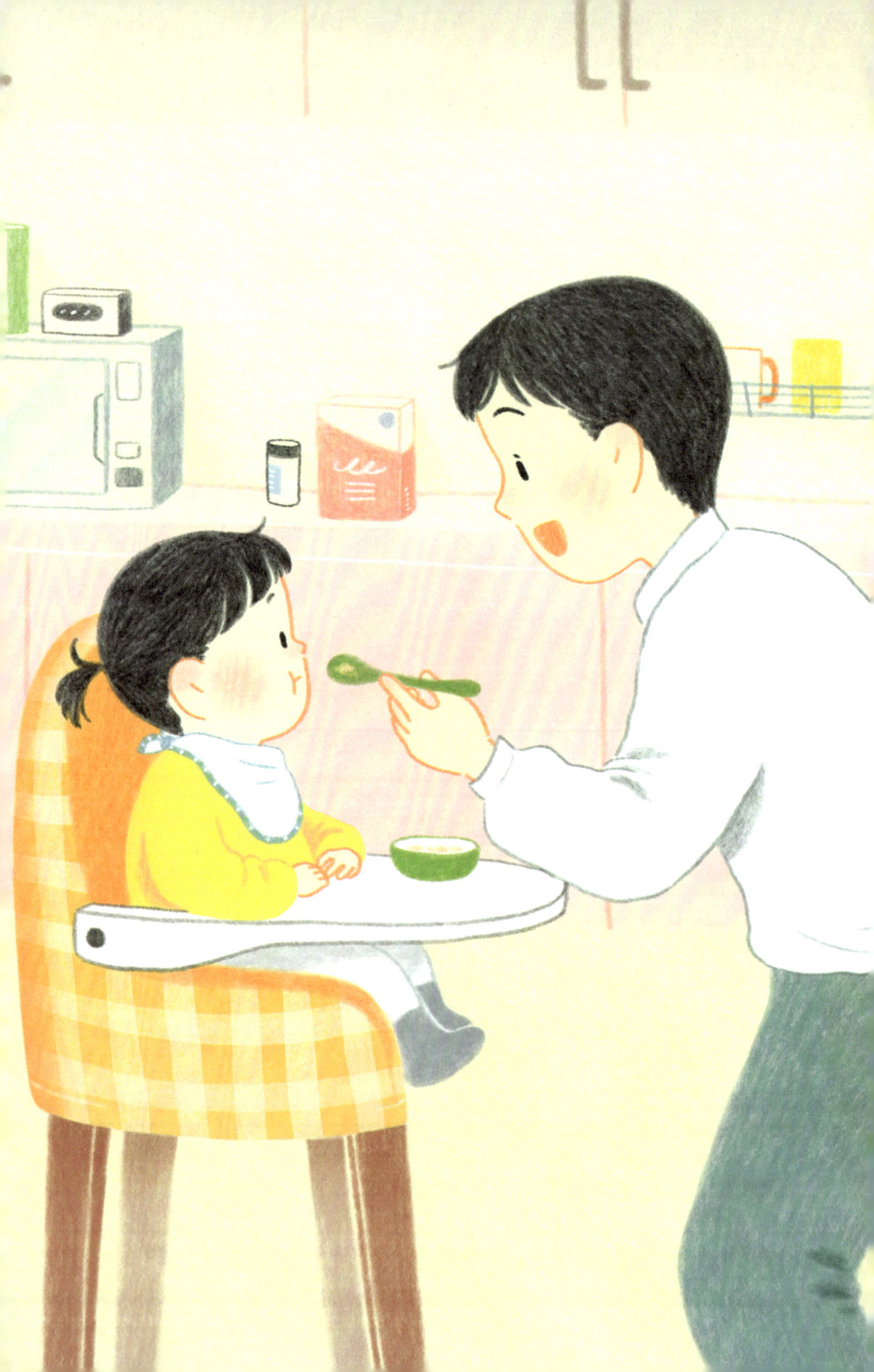

孩子越小，父母就越重视孩子吃饭的事情，这是因为好好吃饭与孩子的生长发育和身体健康直接相关。但如果重视得太过，孩子会很有压力。当父母让孩子不要挑食多多吃饭时，孩子的心情是这样的：

"妈妈，能不能不要再说'吃得真香''咕嘟咕嘟咽下去'之类的话了。我做梦都会梦见勺子，妈妈总是说肚子吃得圆鼓鼓的才能长高，但我吃那么多真的很不舒服，甚至有时候撑得想吐。还有就是，妈妈你做的饭真的不太好吃，以后可以做得好吃点吗？"

在育儿过程中，孩子和父母最容易在"吃"的方面发生争执。哄孩子睡觉、早晨叫孩子起床、给孩子穿衣服、送孩子去幼儿园的时候可能也会发生争执，但这些一天大概只发生一次，而关于"吃"的争执却是一年365天，一日三餐顿顿都可能发生。如果把零食也算上，就是365乘以4或者5次，而且吃饭的问题直接关系到孩子的健康，就算起冲突，父母也绝对不会让步。

再者，孩子吃饭的问题处理不好，会直接引发父母的负罪感。如果孩子比同龄人长得高、身体好，往往说明父母喂养得好，孩子的妈妈会被认为是"好妈妈""优秀的妈妈""有能力的妈妈";可若是孩子面黄肌瘦,妈妈就会被贴上"不合格的妈妈""无能的妈妈"之类的标签。加上社会上人们普遍认为小时候的身高能决定成年后的身高,个子越高越好,家长有时会因此产生过大的心理压力,于是更不会在孩子吃饭的问题上妥协。

但从孩子的立场来看,不能随心所欲地决定自己的进食,由此带来的压力更大。明明不想吃,却被逼着吃,这对孩子来说更像是一种"攻击":父母表情凶巴巴的,手里拿着锋利坚硬的金属勺子和叉子,不停地对孩子说"啊,张大嘴""吃掉""快嚼一嚼""咽下去"。一年365天,孩子每天要承受四五次这样的"攻击"。而与之相反,明明想吃却不能吃饭的孩子,心里也不好受。近年来,很多家长看到孩子稍微胖一点,就节制孩子的饮食。孩子的欲求得不到满足,每天都要被"节制",孩子自然会产生挫败感和不满。其实吃多吃少本身对孩子来说并不是什么大事,但当父母按照自己的意愿随意调整孩子的食量时,争执和压力就产生了。

若孩子是因为生病不爱吃饭,那的确需要接受治疗,但大多数来找我咨询"孩子不好好吃饭应该如何治疗"的家长,并不是因为孩子出了什么严重的状况。我常常对这些家长说:"这位妈妈,您的孩子并没有什么大问题。"除了那种确实很严重的情况，大多数孩子不好好吃饭，只是因为本身食量就比较小。不爱吃饭的孩子每天都受到父母的"攻击"，父母想尽办法逼着孩子多吃饭，吃到肚子都鼓起来，孩子会感觉压力很大，很不舒服。

要是孩子的食量真的太大，那与其不让他吃，不如增加孩子的运动量，或是逐渐调整孩子的饮食结构。让孩子自己节制饮食是很困难的，家长应该提醒孩子少吃垃圾食品，多吃对健康有益的食物，逐渐改变烹饪方式，减少摄入的热量。对食量大的孩子来说，他们只有肚子饱了才会觉得快乐，如果打着"为孩子健康着想"的旗号，一下子大幅减少孩子的饭量，孩子会觉得快乐被剥夺，这不是一种好方法。

仔细观察就会发现，有的孩子是只吃自己爱吃的某样食物。父母说"孩子不好好吃饭"，其实有时候是因为孩子挑食很严重，不爱吃父母希望他们吃的食物。在这种情况下，应该先让孩子尽情享用自己喜欢的食物。

让孩子好好吃饭，最好的方法其实是让他们觉得在饭桌上吃饭很开心。不爱吃饭的孩子一定不享受坐在饭桌旁的时间，更有甚者会觉得坐在饭桌旁吃饭是"受到攻击"或者"受刑"。在这种状态下，孩子感受不到吃饭的乐趣。

喂孩子吃饭的时候，尽量不要说"张嘴""咽下去""快嚼"之类的话。不要试图去控制孩子把哪种小菜放进嘴里、在嘴里嚼多久、是不是咽下去了。这样别说享受吃饭的乐趣了，孩子甚至会觉得自己什么都做不了，感到无能为力。不要拿"你这样会生病的""这样会变笨""你这样长不高的""你这样脑细胞都死了"之类的话吓唬孩子，也不要说："你不吃妈妈就生气了！"吃饭本是一件很幸福的事，怎么能成为"为了让家长不生气而必须做"的事呢？最重要的是，千万别说："你再这样的话就别吃了！"每天都费尽心思让孩子吃饭的父母突然冷着脸说"别吃了"，会让孩子陷入极度的不安，他们会担心自己要被父母抛弃了。

年龄比较小（尤其是还不满两岁）的孩子的妈妈，很爱互相打听对方孩子的饭量、体重和身高。我个人认为最好不要这么问。妈妈们即便年纪相仿，身高体重不是也不同吗？那么，为什么我们非要去比较孩子的情况呢？请记住，我和邻居孩子妈妈的情况不一样，我的孩子和邻居家的孩子也是不一样的。

上厕所 |
关系到我的自尊心

孩子学会走路后,父母最关心的问题就变成了孩子的大小便问题。神奇的是,父母总觉得孩子的大小便事关自己的面子。孩子不能自主大小便或是会得太晚,都会影响到父母的面子。但是,这明明是孩子自己的事情。我曾问过这个年龄段的孩子,他们对大小便的态度是这样的:

"我自己吃了东西消化了想上厕所,这是我自己的事,为什么妈妈总要管我上不上厕所呢?如果我一直不去上厕所,妈妈好像会不开心,但如果妈妈让我去我就去,又好像我没法控制自己的大小便一样,我会觉得很伤自尊。妈妈让我上厕所我就去的话很丢脸,不按妈妈说的做我又怕妈妈会不爱我。到底要不要听妈妈的呢?我觉得很苦恼。"

自主大小便事关孩子的自尊心,但同时也关乎家长的面子,所以围绕着它会发生很多争执。一般来说,训练孩子自主大小便的时期是15个月~2岁,也就是在孩子完成"走路"这一成长发育的任务之后。弗洛伊德把孩子自主大小便的时期归为"肛门期",他认为这个阶段儿童关心与肛门有关的活动,大便是他们最大的一种乐趣。孩子学会独立行走后,便会产生各种欲望,总想独立做些什么,四处走走,到处摸摸。于是在这个时期,父母为了教孩子辨别什么该做,什么不该做,便会更加频繁地对孩子说"别那样"或是"不可以"。孩子明明不想上厕所,父母却让孩子上厕所;明明尿在尿不湿上更方便,父母却总是要求孩子坐在马桶上尿尿。在这种情况下,孩子会想:"为什么爸爸妈妈总要干涉我啊?"

家长为了维护自己的面子,会过分地要求孩子去上厕所,而孩子会强硬地反驳:"我自己会看着办的,我想去就去,你别管！"为了每天和妈妈的"势力"抗衡，孩子甚至会故意闯祸。当妈妈说"去拉臭臭"的时候，孩子可能会故意憋着不去，或者随地大小便。父母在锻炼孩子大小便时，往往会吓唬孩子说"现在你该去拉屁屁了，不去的话妈妈会生气哦"或是"下次再出错的话，我就要打你了"。通常，孩子在憋了一段时间后，如厕时会有一种莫名的快感，所以才会想在有感觉的时候再去大小便，而父母却要求孩子按照父母的想法大小便，孩子就会觉得，自己好不容易才有了些行为的自主权，担心又会回到什么都做不了的状态，于是不想听父母的话。

当孩子可以自主控制大小便时，他们会感觉自己有了自制力，从而信心倍增；而若是要按父母的要求，无法自主控制，他们可能会对自己充满怀疑，也可能变得很叛逆。当父母试图过分控制孩子大小便时，孩子会反复纠结到底要不要听父母的话，这是由于孩子自身的欲求和父母的要求产生了分歧。这个时期的孩子，有的上厕所前会询问"我可以拉屁屁吗"，也有的羞于启齿，会扭扭捏捏地上厕所，这是因为他们觉得羞耻并产生了自我怀疑。大小便是正常的生理需求，如果连这都无法按自己的意愿来，孩子会丧失自信，甚至成为优柔寡断、什么都决定不了的人。

那应该怎么做呢？首先，父母应该锻炼孩子自主大便的能力。这是因为，一天内大便的次数不像小便那么多，从神经系统的发达程度上来看，比起小便，人会先具备自主大便的能力。若是仔细观察，我们会发现孩子想大便之前的特定表现：有的孩子会把腿蜷缩起来，有的孩子会转圈圈。同时，我们会发现孩子大便的时间也是比较固定的。到时间后，我们可以问问孩子"要不要上厕所"，如果孩子想去，就让他坐在马桶上。如果孩子没拉出来，也请对他说"没事，明天再试试吧"。即使再给孩子换一次尿不湿也无妨，关键是不要让孩子在这个过程中感到有压力。

如果孩子明明没有便意，父母却总是让孩子坐在马桶上尝试，并说一些"还是没尿出来""又失败了""再加把劲儿"之类的话，孩子就会感受到很大的压力，这样反而不利于孩子学会排便。有的父母每隔十分钟就让孩子坐在马桶上试一下，这样一来孩子会压力倍增，更难以排便了。

孩子如厕的时候，请用轻松俏皮的语气说"肚子使劲了吗？哇，要拉出来啦"，像这样用轻松的方式教给孩子排便的方法。

切记，在孩子学习排便的过程中，千万不能打骂孩子。"好脏""好臭"之类的话也是禁忌，这会伤害孩子的自尊心。在清理孩子的排泄物时也要注意表情,最好不要露出嫌弃或者恶心的表情,因为这个时期的孩子会把自己的大便和自己联系起来。

有的父母会因为担心孩子不适应,一直拖着不让孩子锻炼自主排便,这样做也是有问题的。因为孩子的身体发育和心理发育的过程相吻合,如果孩子不能正常大小便,心理上的自律性发育就会出现问题。尽量在 2 岁左右,最晚也要在 3 岁之内锻炼孩子自主排便的能力。到了 2 岁左右,孩子就会斗志昂扬,想一个人做很多事,如果还不能自主大小便,做什么都需要别人的帮助,孩子会是什么心情呢?尿不湿脱得太晚对孩子来说也是伤自尊的事情。

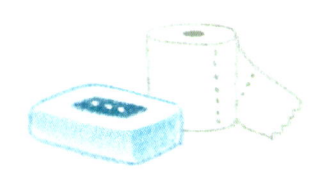

学说话 |
我也想说话,请跟我说说话吧

　　如果孩子很早就学会说话,父母会特别欣慰,因为说话早的孩子会显得很聪明。孩子说出第一句话也会让父母充满自豪感。反之,如果孩子迟迟没学会说话,父母就会担心孩子是不是哪里落后于人,担心孩子的智力或发育有问题。那么,还没学会说话的孩子的情况是怎样的呢?

　　"会说话就给,不会说话就不给吗?那我也得知道怎么才能学会说话啊。我也很想说话,但我不会啊。要么干脆弄出点动静吧?嗯?嫌我太吵了,让我安静点吗?我只有弄出动静才能学会说话啊。到底想让我怎么样啊？爸爸妈妈，别总是看手机了，也跟我说说话、教我说话吧。"

其实，如果在发育上没有什么大问题，孩子说话晚大多与父母有关系。一个初二的男孩来诊疗时说："吴院长，我小时候因为说话晚，受到了很多训斥。后来我才知道我爸爸和大伯都说话很晚，当时我可委屈了。"孩子已经长大了，但想到那时候的事依然心酸。说话晚这件事，更多地可能是受到了父母或家庭的影响。

孩子不会说话就会用行动，也就是非语言的沟通方式来表达自己，他们认为父母一定能明白自己的意思。所以当父母无法理解时，他们会感到疑惑："爸爸妈妈怎么能听不懂我的话呢？"当父母说"你说这个？不是吗？是那个吗？也不是？那是什么？"之类的话时，孩子会很茫然，甚至会想："你又不是隔壁阿姨，你是我妈妈啊，怎么能听不懂我的话呢？"

孩子一般在2~3岁学会说话，那时，孩子的运动功能逐渐发达，他们想摸各种东西，好奇的事情也越来越多，想说的话也很多："那是什么""用来干吗的""我可以玩吗""抱抱我，让我把上面的东西拿下来"……如果说不出来，孩子会比父母更郁闷，所以他们会手脚并用，用各种动作来表达。如果父母听不懂,孩子就会伤心,感到委屈。要想平复孩子的情绪,父母应该诚实表达,比如:"妈妈没听懂。你能用手指一下吗?"等孩子指东西的时候,父母再进行语言上的沟通:"妈妈没听懂你的话,所以你生气了。妈妈下次会努力听明白的。对不起。"这样,孩子的坏心情才不会转化为火气。语言是降低人类攻击性的最基本的方法。不会说话的孩子在开口之前会先采取行动,所以,当他们与同龄的孩子玩耍时,如果还没学会说话,却要表达"是我的,还给我",他们可能会一下子把朋友推开。这样一来,孩子会被误以为是性格粗暴,从而影响与同龄人的人际交往。两三岁的小孩非常害怕暴力的孩子,所以不会愿意跟这样的孩子一起玩。

我们该如何帮助孩子学会说第一句话呢?成为大人的我们已经不记得自己从只会啼哭到咿呀学语,再到说出第一句话的过程是多么艰难了,所以我们理所当然地认为,孩子只要到了年龄就会说话,但是,"发出声音"和"学会说话"是两码事。哪怕孩子说错了点心的名字,这样的声音和单纯发出"啊"相比,发声方式也是截然不同的。

有些孩子发育比较迟缓,年龄很大了也没学会说话时的正确发声方式,只能发出一些怪声,发不出像说话一样的声音,这是因为他们没有正确地使用过声带。孩子想要表达,却说不出话,心情该有多么郁闷啊!真是令人惋惜和心疼。家长若想帮助孩子学说话,就该从孩子咿呀学语时多让他们听别人讲话。即使孩子那时候可能听不明白,我们也应该常发出"啊,这样吗""dadada,lalala"之类的声音,帮助孩子学习说话需要的发声方式。只有让孩子多听,并从中感受到发声的乐趣,才能更好地为他们以后学习说话打下基础。

父母应该多和孩子进行基本对话,用语言给孩子讲解他们的行为。当孩子想要从椅子上下来时,可以对孩子说:"你想下来吗?"当孩子做出要水喝的手势时,可以对孩子说"想喝水吗?妈妈想喝水,请给妈妈倒点水吧",也可以说:"想喝水、果汁还是牛奶呢?"但要小心,不要因为太想给孩子语言上的刺激,就叽叽喳喳地说个不停,不给孩子喘息的机会,这在孩子听来不是"学说话"的声音,而是噪声。如果父母关系不好,每天扯着嗓子吵架,也会给孩子一种负面的语言刺激,此时孩子会因为心烦而拒绝听。

曾经有个来诊疗的孩子,年龄不小了也没学会说话,我让家长多对其进行些语言刺激。孩子是奶奶在带,奶奶总觉得是自己教得不好孩子才说话晚,感到很自责,于是非常努力地按照我的建议给孩子语言刺激。即便孙子觉得很吵想逃开,奶奶也要追上去,一整天对着孙子说个不停。几周后孩子再次来到诊疗室，无论谁说话他都用两只手捂住耳朵，此时已经需要改变治疗方案了。

在孩子学说话的过程中，父母经常会犯这样几种错误。虽然父母的本意是要帮助孩子，却往往会弄巧成拙，让孩子学说话的进程变慢或是增加孩子的压力。

第一个错误是，父母常说"你得说出来我才给你，不说的话就不给"。父母把水放在身后，对孩子说"想要的话就说出来"。这时候，孩子不会想着要为了喝水说出这个词，而是会想"唉，算了，干脆不喝了"。有些敏感的孩子，甚至会由于担心自己说得不对，产生"与其说错，不如不说"的想法，直接拒绝开口。有的孩子平时会自己练习，但父母让说的时候又不开口了。某个瞬间，孩子可能会突然脱口而出什么话，此时，父母千万不要过于激动或是夸张地表扬孩子，孩子可能会因为害羞而再次不想说话。我们只需要简单地夸一下孩子"真棒"就好了。有的孩子从很小开始就在意别人对自己行为的看法，会因为担心犯错而不敢做，越让他做他越不想做，过分的夸奖也会让他不开心，从而产生抗拒心理。所以，父母不应该对孩子的行为做出过大的反应，只需要说一句"真棒，妈妈听懂啦"就可以了。当然，当孩子开口说出第一句话时，要好好表扬他一下。

第二个错误是，家长经常对孩子说"跟着爸爸妈妈学"。让孩子跟着自己学的时候，如果孩子没有反应或是不想跟着说，就不要一直用这个方法了。在这种情况下，不要继续让孩子跟着学，而是应该自己把想让孩子学的话重复两三遍，让孩子多听。"我想喝水""爸爸，请给我点凉水""他说想喝水"……一边这样说着，一边把水给孩子。父母可以根据具体情况对孩子说话，孩子听得多了也就熟悉了。

第三个错误是，父母过于"聪明"和"努力"，在孩子说话之前就帮孩子把一切问题都解决。若是在孩子表达自己的需求之前，父母已经把孩子想要的都给他了，那孩子就会觉得没有必要说话，不会再想学习说话。就算父母敏锐地捕捉到孩子的需求，也最好对孩子说"想喝水吗"或是"渴了吗"。

第四个错误是，家长总爱纠正孩子不准确的发音。刚开始学说话的时候，孩子是很紧张的，也有很多发音上的失误，一些认真又追求完美的父母便会急于纠正孩子的发音，这样是不合适的。

孩子学会说话后，攻击性会大大降低，认知能力会逐渐提高，逐渐学会父母教的知识，并遵守各种社会秩序。孩子能用语言自由表达自己的意愿，能感受到自己被人倾听，这是一种非常神奇的体验，孩子会感觉自己的能力有了质的飞跃。并且，当孩子说出第一句话时，旁人会对孩子的话做出积极的反应，这对孩子形成积极的自我也有很大帮助。

写字 |
真头疼，非要现在学会吗？

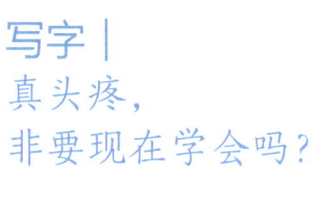

曾经有位母亲哭着来诊疗室找我，说自己的孩子已经上一年级了，还是根本不想学写字，甚至连笔顺都不想学。我让孩子画一幅画，他连这个要求也拒绝了。孩子的妈妈说，孩子很早就认字了，还以为他5岁就能学会写字呢，但是他在上学前一年就表现出了这样的行为。我们给孩子做了各项检查，也与他聊了很久，发现他其实是非常聪明的。

最近有很多孩子因此来接受诊疗。有些是抗拒读写，有些是对别人的评价比较敏感，由于过度介意别人对自己的看法，干脆什么都不做。这种问题之所以出现，是因为孩子在年纪过小的时候就开始学习认字，学起来比较吃力，父母就更焦虑地开始催促孩子。由此，父母和孩子之间的关系恶化，孩子就不想做父母要求的事情了。

一般来说，孩子最早会在三四岁的时候学习认字，那时候孩子的心情如何呢？

"非要现在学这些吗？就看着图画书，按照我的心情随便读读不行吗？字很难写，记也记不住，真的头疼死了。我只想听有趣的故事，玩好玩的游戏。我现在才四岁啊。"

其实，在上学的前一年，也就是孩子满五岁后再教孩子学习文字也是可以的。这样孩子上一年级后，无论是听写还是听课，都不会有太大问题。但父母总觉得认字早的话，说明孩子比较聪明，于是就用尽办法，想让孩子早点学会认字。他们会准备很多教材让孩子学习，还会给孩子读几十甚至几百本图画书。这样做未免操之过急。语言分为听说读写，学习一种语言的时候，只有能充分地听明白，才能开口说，只有听说进展到一定阶段，词汇量足够丰富，才能进行读写。我建议，在孩子五岁之前，尽可能让他们熟悉听说，在上学前的一两年再开始练习读写就可以了。

在教孩子文字的时候，要注意丰富孩子的词汇量，并让孩子掌握词汇的准确发音。因此在上小学前的一两年，可以用图画书帮助孩子积累词汇量，并多让孩子听具体的发音。一个神奇的事实是，经常听父母读图画书的孩子，往往在上小学后就能读懂大部分文字了，这是因为他们听得多了、看得多了，自发地理解了其中的含义。

我说让家长给孩子读书，并不是为了给孩子看或者听书里的文字，而是要通过图画书给孩子讲故事。因此，没有必要按照顺序一字一句地给孩子读，书只是让孩子听的材料，并不是习字用的教材。父母可以通过有趣的方式给孩子读书，或是将书中的内容消化后用自己的语言讲给孩子。比如，我们可以这样开头："很久很久之前，有兄弟二人……"这时候孩子可能会问："爸爸，兄弟是什么？"然后，我们就可以用这样的方式给孩子解释故事中出现的生词："哥哥和弟弟就叫作兄弟，你看××和××，他们就是一对兄弟。"这样一来，我们既教给了孩子这个生词，又说明了生词的释义，还用实际的例子帮助孩子真正理解了这个词。这是教孩子听说的最好办法。

我认识一位家长，由于初期教育开始得太早，孩子已经出现了问题，但这位家长坚持说"孩子觉得很有意思""孩子很享受学习的过程""我想要让孩子在玩乐中学习"。对学龄前儿童的教育往往会借助很多玩具，孩子一开始接触的时候充满好奇心，看起来很享受，家长就会想："孩子可以这样边玩边学啊！"但残酷的现实是，孩子没法一边快乐地玩一边学习，学习不是游戏，让孩子享受的是玩乐，而非学习本身。

教孩子学认字的时候，要明确地告诉他学习的动机："这是我们国家的文字，你上学后想要学知识，就必须学认字。"要让孩子认识到，就算很辛苦，也一定要去做，怎么能快乐地一边玩一边学习呢？除了极少数的人，大部分孩子是更喜欢玩的。家长总是要求孩子快乐地学习，像玩一样享受学习，这是不现实的。

我从不对孩子说"快乐地学习"这样的话，而是会说"学习本来就是很枯燥的，永远没有尽头，但是种瓜得瓜，种豆得豆，付出与收获成正比"。孩子听了自然会问："那为什么要学习呢？"我就会告诉他们："首先，学习可以促进大脑发育。其次，我们需要获取知识和信息。再有，我们需要锻炼自己做不喜欢的事情，需要学会忍耐。"我们应该告诉孩子最本质的理由，而不能说"只有学习才能让你轻松得到想要的东西"或是用一些暂时能让孩子开心的理由混淆学习和玩乐。

弟弟妹妹的存在 | 妈妈变心了！妈妈现在好像不爱我了

"爱只会变得更多，不会减少。"

"有了弟弟以后，妈妈变了，她现在好像不爱我了。"这是一个有弟弟的初中小男孩在接受诊疗时，长吁一口气说出的话。我把当时我和他的对话放在下文，看了之后大家应该就能明白小孩子是怎么看待自己的弟弟妹妹的。

"吴院长，我好像是个坏人。"
"为什么突然这么说啊？"

"我的心里善与恶并存,一边是黑色的小恶魔,一边是洁白的小天使。尤其是当妈妈不在,只有我和弟弟时,天使和恶魔就会闪现。"

"是吗?小恶魔说什么了吗?"

"小恶魔说:'现在妈妈不在,打他打他,快打他!'听了这个我真的很想打他。"

"哦?那小天使说什么啦?"

"小天使说:'不能打,你不是这样的坏孩子!'"

我问孩子最后是怎么做的,孩子说,虽然胸腔里那股莫名的情绪让他真的想打弟弟,但他不想成为坏孩子,最终还是忍住了。很多家长会对年纪稍长的孩子说:"你就不能让着弟弟/妹妹吗?"于是,孩子心里对弟弟妹妹的不满逐渐加深。许多孩子把弟弟妹妹看作"永远不想再看见的人",但是因为怕显得自己像个坏孩子,并没有说出口。对很多孩子来说,弟弟妹妹是很讨厌的、让人不爽的存在,他们甚至会想:"要是没有弟弟妹妹就好了,我就不会产生这样不好的想法,妈妈对我的爱也不会变了。"

从妈妈怀孕开始,孩子就对弟弟妹妹的到来倍感压力。妈妈在怀孕之前,不论是读书讲故事,还是陪孩子一起玩,对孩子几乎有求必应,但怀孕后因为妊娠反应,妈妈会变得非常敏感，经常对孩子说"你去那边玩，妈妈不舒服"。以前不论孩子问多少遍，妈妈都会很亲切地耐心解答，现在却会不耐烦地说："刚刚妈妈不是说过了吗？"孩子无法理解妈妈现在是因为怀孕不舒服，只会产生这样的误会："妈妈变了，为什么突然会这样？现在妈妈不爱我了吗？我做错什么了吗？"为了确认妈妈不是讨厌自己，孩子会变得更加黏人，心里想着"一定是我误会了，我要再确认一下"，缠着妈妈不放。

母亲和孩子之间存在着强烈的依恋关系，一旦这份依恋关系出现裂痕，孩子就会变得极度不安。为了修复这道裂痕，孩子会要求得更多，稍有不顺心便会发脾气，甚至更加死缠烂打。

看到孩子这样，父母只会觉得他不听话，会心想"妈妈都说了怀孕很不舒服，你这个年纪也能听懂了吧"，甚至还会训斥孩子。让孩子体会并顾及他人的想法是很难的。父母可能会以为"他是哥哥，理应懂事了"，但其实一般来说，孩子要到六七岁才会换位思考。面对妈妈好像不爱自己了的状况，又听到父母的指责，孩子只会觉得混乱。父母觉得，如果此时放任孩子胡闹，之后孩子会变本加厉，在弟弟妹妹出生后情况可能会变得更糟糕，于是他们选择冷酷地处理孩子的情绪。其实对孩子说一句"妈妈依然爱你"就可以安抚孩子的情绪。父母的处理方式越是冷漠，孩子就越发委屈，有的孩子会一刻也不想和妈妈分开，更加偏执地要求这、要求那，而有的孩子会心想"我再也不会向妈妈提要求了"，于是跟父母疏远，不再对父母的话产生反应。由于无法接受妈妈不再爱自己的事实，有的孩子会变得冷漠，有的孩子会开始流口水，甚至不想去幼儿园。

简单来说，有了弟弟妹妹后，孩子的心情可以概括为"妈妈变了，妈妈不爱我了"。弟弟妹妹出生后，孩子不可能没有压力。有的父母说"我们提前跟孩子讲清楚了，现在孩子特别开心并且很照顾弟弟妹妹"，但其实，孩子只不过是适应了目前的状况，他心里并不好受。轻轻抚摸刚出生的弟弟妹妹，疼爱弟弟妹妹，其实很可能是因为孩子想要得到爸爸妈妈的夸奖。当然，有极个别的孩子可能不会抗拒弟弟妹妹，这样的孩子或许本身性格就很外向活泼，并且除了妈妈之外，他们还能从爸爸、奶奶、阿姨、幼儿园老师、朋友那里获得关爱，也就是说，他们的依恋对象不止妈妈一个。但大部分孩子会觉得弟弟妹妹抢走了妈妈的爱，对不到3岁的小孩子来说，这样的感觉会更加明显。

弟弟妹妹在出生后的第一年，几乎时时刻刻与妈妈黏在一起。于是，变成"哥哥姐姐"的孩子便不再有和妈妈独处的时间。即便妈妈说陪自己玩，怀里也会抱着弟弟妹妹，而且不仅仅是抱着，时不时还要哄一下，或是给弟弟妹妹喂奶。因此，孩子时常会有一种失落感，看到弟弟妹妹的时候就忍不住火大。看到弟弟妹妹睡着后，他们觉得自己和妈妈独处的机会来了，但是跑到妈妈身边，却发现妈妈已经筋疲力尽，准备和弟弟妹妹一起睡了。不仅如此，妈妈还会嘱咐孩子玩的时候小点声，不要把弟弟妹妹吵醒。这时候孩子的心情会如何呢？

依恋关系不仅存在于父母和子女间，也存在于情侣和夫妻之间。试想一下，我还是一如既往地爱你，但你好像哪里变了，不再像以前一样爱我，甚至好像开始对我感到厌倦，或是爱上了别人，谁能对这样的事无动于衷呢？于是，在确认对方的心意之前，我们会变得非常偏执，即便有一会儿见不到也会想知道对方在哪里，即便对方只是一通电话没接也会产生疑心，甚至追问不休……弟弟妹妹出生后，有的孩子会为了确认妈妈对自己的爱而故意闯祸。他们会故意乱丢玩具，借此观察妈妈的反应。如果妈妈以前会温柔地说"不要乱丢哦"，但现在是凶巴巴地呵斥，孩子就会想"果然我想得没错，妈妈就是不爱我了"。当孩子因为弟弟妹妹的到来而难过时，请记住，问题在于孩子认为妈妈爱自己的心变了。其实这也不完全是孩子瞎想，妈妈的状态确实有变化。由于怀孕，妈妈的身体变得疲惫，生了孩子后妈妈便一直围着小婴儿团团转。以前妈妈下班后吃完晚饭，常常会和孩子一起玩耍，但现在却要把时间都拿来照顾小婴儿，孩子会因此误以为妈妈不像以前那样爱自己，甚至会觉得妈妈讨厌自己。

那应该怎么做呢？在二胎出生之前，要先问孩子："你是不是觉得弟弟妹妹出生后，妈妈会把爱分给他们？"大部分孩子会回答"是的"。那么请接着问孩子："你是不是觉得妈妈陪你玩的时间会比之前少，对你的照顾也会变少？"孩子也会给出肯定的回答。这时候要记得问问孩子："所以你不开心是吗？"当孩子承认的时候，请记得对孩子说："妈妈对你的爱只会变得更多，不会减少。"这样明确地告诉孩子，孩子会得到些许安慰。

请不要轻易对孩子许下"弟弟妹妹出生后，妈妈也还是会花很多时间陪你"之类的无法兑现的承诺。因为当你无法做到时，孩子会觉得自己被骗了。请对孩子说一些可以实现的话，比如："之前妈妈每天可以给你讲五个故事，现在只能讲三个故事啦。就像以前照顾你那样，现在妈妈也要照顾弟弟，但是妈妈保证，给你讲故事的时候一定会讲得非常有趣的！妈妈陪你玩的时间可能会减少，但是一定会努力做到最好的！"在弟弟妹妹出生前，请尽可能地多跟孩子这样说，让孩子确认妈妈对自己的爱，也请切记要遵守跟孩子的约定。

在生产之前，能够陪孩子玩耍时一定要投入地玩，这会让孩子确信妈妈之前说的话不是骗人的。等二胎出生后，不管时间多短，也一定要抽时间陪孩子玩耍。我知道，在实际生活中出于各种各样的原因，这是很难实现的。妈妈可以把小一点的孩子暂时托付给爸爸，或是趁小孩子睡着后抽时间陪大孩子玩。在陪大孩子玩耍的时候，最好不要抱着小的孩子。在陪伴大孩子的过程中，也尽量不要管家务事和小孩子，要集中精力陪伴大孩子。这样他才不会怀疑妈妈对自己的爱，也不会觉得是弟弟妹妹抢走了妈妈。

第一次去幼儿园 |
我想舒舒服服地待在家里，
你们是想把我送走后自己玩吗？

很多父母认为，孩子满两岁后，如果不去幼儿园，就会落后于人，以后进入集体会不适应，甚至无法融入社会。其实情况远没有想象中的那么严重。与此相比，过早地把孩子送进幼儿园，孩子不适应的地方会更多。那么，不想去幼儿园的孩子是怎么想的呢？

"在家里我可以随心所欲地玩玩具，想吃什么就去冰箱里拿，还能睡懒觉，爸爸妈妈到底为什么要把我送进幼儿园啊？为什么弟弟可以在家，只把我送走

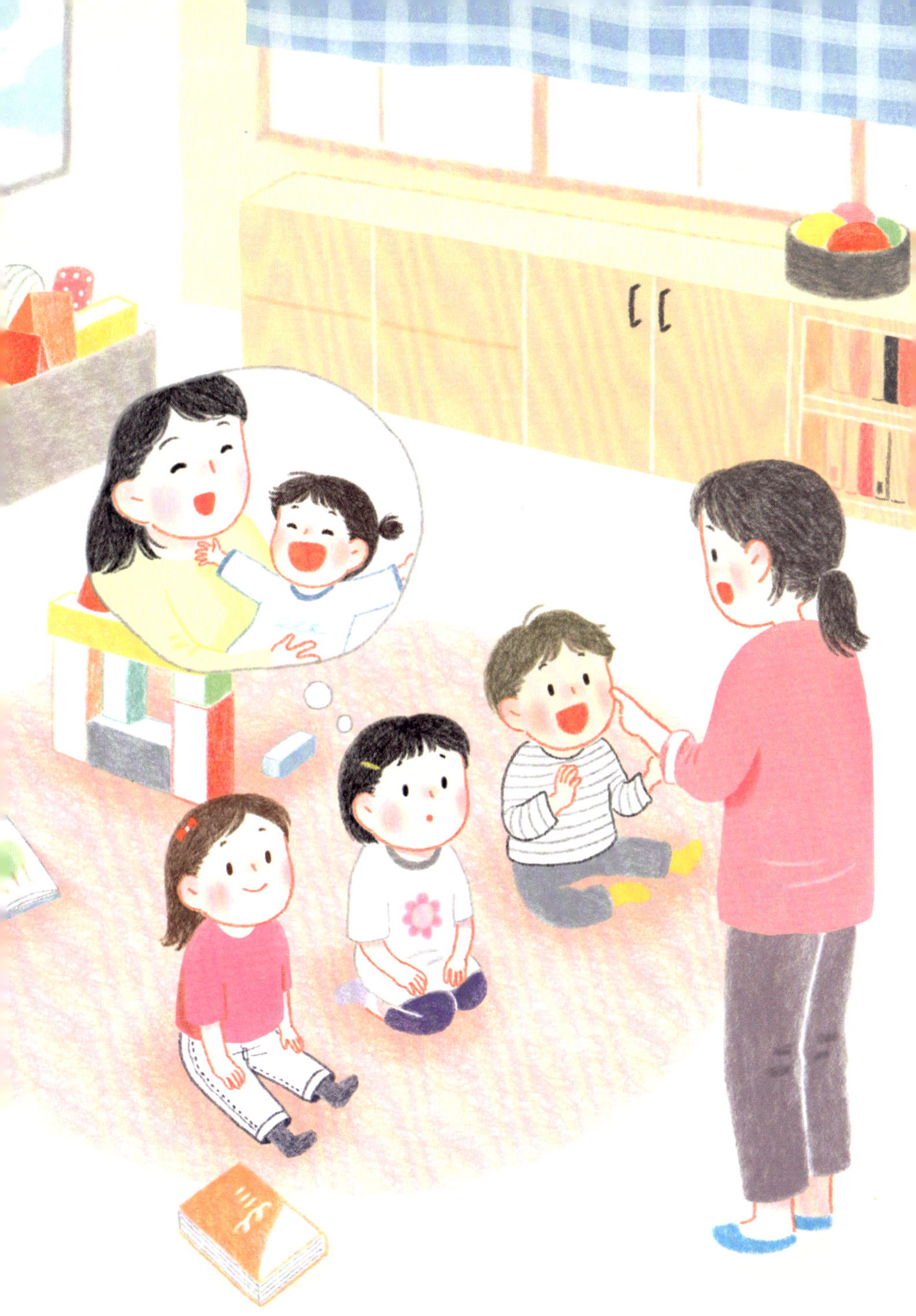

呢？是想把我送走后和弟弟一起吃好吃的，和弟弟一起玩吗？我也想和妈妈一起玩啊。"

孩子不想去幼儿园的原因远比我们想的单纯。"妈妈和弟弟玩得很开心吧，就是不想带我。""妈妈在家里玩，只让我学习。""只有我要早起，真讨厌。""总是让我收拾东西，真烦人。""总逼我吃不爱吃的东西，烦死了。""幼儿园老师很可怕，我不想去。"虽说幼儿园是培养孩子社会性的重要场所，不能就因为这样的理由不送孩子去，但是我们需要先理解孩子的心情。

如果情况允许，最好是在孩子满3岁后，再送他去那种下午两点就能回家的半天制幼儿园。早上9~10点送孩子去幼儿园，让他在幼儿园里和小伙伴们一起学习秩序和规则，下午两点回家。在3岁之前，孩子一般只和父母形成一对一的关系，即便是和同龄人在一起，也只不过是同处一个空间，并不会一块玩耍。因此，有的孩子即使去了幼儿园，也总想和老师建立一对一的关系。分离焦虑比较严重的孩子，可以晚一点去幼儿园，但是在一般情况下，最好在3周岁左右去。

在选择幼儿园的时候，比起教育设施和教育活动，更重要的是活动日程。尤其是孩子年纪比较小的时候，如果教育活动安排得太满，孩子会很辛苦。由于要按照制定的日程行动，孩子无法好好沉浸在一个游戏中。"小朋友们，现在是自由活动时间，大家好好玩吧。"但刚过了十几、二十分钟，老师又说："现在把玩具都收起来吧。"幼儿园充分考虑到孩子的注意力很难长时间集中在一个游戏上，于是设计了这样的日程表，但孩子反而会因为游戏时间太短而感受到压力。选择幼儿园的时候，请不要过度偏重那些时间安排很紧凑、教给孩子很多有用的内容、有很丰富的教育活动的幼儿园。

如果孩子平时很擅长忍耐，那么刚送他去幼儿园时，父母应该更加关注孩子的状态。孩子在遇到淘气多动、爱欺负人、经常抢别人玩具的小孩时，会感觉有压力。如果这时候老师总是让孩子忍着，孩子的压力会更大。善于宣泄情绪的孩子在这种情况下会通过发脾气、大喊大叫甚至打架来减轻压力，但善于忍耐的孩子只会把不快憋在心里。

大部分善于忍耐的孩子在刚上幼儿园的时候，会被称赞适应得很好，父母信了老师的话，从只让孩子上半天改为让孩子一整天都待在幼儿园。这样一来别说幼儿园了，孩子可能连游乐园都不愿意去了。在这种情况下，孩子的心情大致可分为两种：一种是"我听话好好忍着，情况却越来越糟了，那我干脆什么都不做了"；另一种是"要是我也会发脾气就好了"。孩子就这样失去了好好适应幼儿园生活的动力。

对于这样的孩子,即便他们什么都不说,父母也应该常常询问他们在幼儿园的情况,并且问的时候要注意技巧。若是直接问"你很累吧",孩子肯定会摇头否认,但如果问"你上幼儿园的时候,有很多糟心事吧",孩子可能就会承认了。同理,若是你直接问"你讨厌弟弟吗",孩子也会矢口否认,但若是你问"你有时候也会觉得弟弟有点烦吧",孩子可能就会承认了。如果问的方式过于单刀直入,孩子会觉得自己的真实情感是不好的,于是不愿意吐露真心。

如果在和孩子聊天的过程中,你能感觉到他不适应幼儿园,可以缓几天再送他去。有的家长认为,不能总是允许孩子不去幼儿园,即使遇到困难,也应该让孩子努力克服,坚持去上幼儿园。一旦这次不让他去,以后孩子就会习以为常,动不动就不想去上幼儿园。其实习惯并非一两次就能养成,以后情况如何取决于家长如何解决问题。

当孩子说"妈妈,我今天不想去幼儿园"的时候,我们应该尽可能真诚地和孩子好好聊聊。不能过于轻易地答应孩子"好啊,那就别去了",但若是孩子说"我们班有个小朋友总打我,跟老师告状也没用",那么从保护孩子的层面来说,确实不应该送他去幼儿园。我们可以这样安慰孩子:"比起上幼儿园,你开不开心更重要,妈妈会好好考虑你的心情。要是那个小朋友经常打你,妈妈会去找老师商量解决办法。今天你就在家里玩吧。"这样对孩子说,孩子并不会养成坏习惯,因为孩子并不是在无理取闹,他是遇到不开心的事才会这样,这时候我们应该去理解他的心情。

由于孩子年龄小,有时候家长很难找出孩子不想去幼儿园的确切原因,但要是孩子一直不愿去幼儿园,那一定是有隐情的。除了孩子适应能力较差,我们还需要考虑幼儿园的教育活动对孩子来说是否太吃力、孩子和小伙伴是不是发生了冲突、孩子和幼儿园老师是不是闹了不愉快、孩子的发育过程是不是出现了什么问题等等。请一定要记住,着眼点不应在幼儿园,而应在自己的孩子身上。比起上幼儿园,孩子永远是更重要的。

孩子上了大班以后,老师会变得比以前严厉,这时候很多孩子会感觉有压力。我认识的一个孩子说,自己4岁的时候经常从家里带巧克力或糖果去幼儿园和同学们分着吃,老师也不会对此说什么,但大班的老师就会说这是绝对禁止的,非常严厉地制止孩子的行为。除此之外,老师会在各种事情上格外强调规则和纪律。孩子在中班的时候经常被表扬,上了大班却整天挨批评，心情自然会不好，于是上了大班之后没多久，孩子就开始闹着不去幼儿园了。

在这种情况下，家长应该去找老师谈谈，不是去抗议或吵架，而是真诚地与老师交流。父母可以这样说："老师，您的教育方式和教育理念我很认同，但是我的孩子非常害怕您，我理解您的出发点一定是为了孩子好，但每个孩子性格不同，这些方法不是在每个孩子身上都产生一样的效果呀。""如果我们家的孩子真的那么调皮捣蛋，非要老师您这么管教他，请您跟我详细说说，我回家后也会教育他的。"如果多次沟通后情况也没有改善，那不妨考虑换个幼儿园吧。幼儿园老师是孩子人生中遇到的第一位"掌权者"，如果这件事没有处理好，以后孩子可能会变得非常叛逆。当受到外界的约束时，孩子会为了保护自己采取强硬的措施，本来很乖巧的孩子也会变得事事都想顶嘴。在更多情况下，孩子会变得萎靡不振，缺乏安全感，从幼儿园回来后就无精打采，这样的经历可能会对孩子日后的生活产生不良影响。

当孩子说害怕老师时，请不要说"你得听老师的话"，也不要在背后说老师坏话："老师有什么牛的？"你可以说："你们老师要求很严格啊，你当时应该很害怕吧。"这时候父母应该教给孩子，哪些行为是对的，哪些是错的，应该怎么应对。

你还可以对孩子说:"在妈妈看来,老师是想教育你才这样的,妈妈会跟老师讲清楚,让他好好给你讲道理,不能吓唬人,你也得遵守老师提出的纪律哦。"如果我们这样说,以后孩子再遇到类似的情况时,就会游刃有余地应对了。

营养餐 |
吃了感觉会死，
不吃又会被骂

因为"营养餐"不愿意去幼儿园或学校的孩子比我们想象的多得多。营养餐是孩子健康发育、养成正确的饮食习惯所必需的，但是过早、过于严苛地让孩子吃营养餐，也是会出问题的。偏食严重的孩子对营养餐的看法是这样的：

"吃的话感觉会死，不吃的话会被老师批评。你知道快要死了还必须吃的感受吗？怎么嚼也嚼不动，怎么咽也咽不下去。如果吃得太慢，会被说是给老师添麻烦的孩子。吃饭挑食，会被说是不珍惜粮食的孩子。唉，连吃东西都不能随心所欲，究竟有什么是我可以自己做主的？"

人与人吃饭的速度本就不同，有些幼儿园却给吃饭快的孩子发奖励贴纸。吃饭速度快是什么值得表扬的事情吗？把不爱吃的食物挑出来又为什么要挨骂呢？幼儿园或者学校提供的餐食中，可能有孩子真的很不喜欢的食物。所以，吃饭比其他人慢，或是没把食物吃干净的孩子，并不等于拖拉或者不珍惜粮食的孩子。

那些吃饭速度快并且"光盘"的孩子会被认为是善良而优秀的孩子。在小学里，如果哪个孩子吃饭比其他孩子慢，大家就要一起等他吃完，这样一来，就莫名形成了一种奇怪的氛围，好像吃饭速度慢是做错了事一样。孩子会为此感到自责，自尊心也会受挫，这真是太离谱了。

我有时觉得没有出生在现在真是万幸。我小时候也是很挑食的，但我妈妈总是会做我喜欢吃的菜，所以我吃饭的时候总是很开心。而且那时候学校里没有营养餐的说法，可以把妈妈按照我的口味准备的午饭带到学校吃。

家长应该用长远的眼光看待孩子挑食的问题，如果在短时间内急着解决，可能产生适得其反的效果。孩子生理上还没有适应食物，已经反胃到要吐出来了，家长却仍要求他咽下去，孩子因为不想吃而哭闹不止，家长仍要求孩子把食物都吃干净，所以每到快要吃饭的时候，孩子就像要喝毒药一样痛苦。当然，均衡饮食很重要，即使孩子不想吃，我们也应努力让孩子一点一点吃进去，但一定要注意绝对不能强求。

在前面"认生"一节中我们也提到过，孩子会本能地觉得陌生人会伤害自己，同理，孩子会认为没吃过的食物有毒，吃了这些食物后可能会死掉。虽然孩子不会把"我吃了会死"说出口，但他们把没吃过的食物塞进嘴里后也不会轻易咽下去。长得奇怪的食物、没见过的食物、有苦味的食物等都会让他们害怕。想让孩子逐渐熟悉这些食物，可以把它们先切成小块，让孩子尝一口。

睡觉 |
睡了我就不能玩了，亏大了

如果孩子白天睡午觉，晚上也能早点睡觉，父母就能抽空做积压的家务，也有时间休息一会儿，但有的孩子格外不喜欢睡觉，这些孩子是怎么想的呢？

"我都没什么时间和爸爸妈妈一起玩,爸爸妈妈还老让我去睡觉,白天问我睡不睡午觉,晚上又吼着要我早点睡。我也很讨厌幼儿园的午睡时间,因为睡着了什么都做不了,我就没时间玩了,感觉很亏。为什么总是让我睡觉呢?是嫌我烦吗?"

有的孩子格外不爱睡觉,在这种情况下最好还是不要勉强孩子。孩子明明不困,却被逼着睡觉,强行闭着眼睛屏住呼吸,会感到非常累。如果孩子是在幼儿园,那家长可以和老师好好商量一下,让睡不着觉的孩子独自在别的房间安静地玩。当然,老师和幼儿园的情况多种多样,这么做可能有很多困难。

睡觉给孩子带来的压力在白天和晚上是不同的。白天睡不着却总是被催着睡觉,孩子会觉得很痛苦;晚上困了但还想和爸爸妈妈玩,却总是被催着睡觉,孩子会很不开心。在这种情况下,如果父母还是一味地催促孩子去睡觉,孩子就会说:"你们自己不睡觉,为什么只让我睡觉?我觉得这不公平!"

晚上要想哄孩子早点睡觉,就要关掉家里所有的灯,全家人都一起躺下,让孩子感觉到这个时间大家都应该睡觉了,这样孩子才不会感到委屈。如果还有事情要做,那就等孩子睡着后再悄悄起来做吧。孩子不会觉得睡眠是细胞再生和成长的时间，只会觉得是不能玩的时间、自己吃亏的时间。所以即使家长勉强让他们躺下，孩子也会找各种借口不睡觉。有人说因为害怕睡不着，有人说想喝水，有人说肚子饿，还有人让爸爸妈妈不停地读图画书讲故事。要想哄这样的孩子睡觉，首先要充分理解孩子想玩的心情，并约定明天起床后会陪他玩。如果孩子缠着你读图画书，可以读一些，然后告诉孩子夜晚的睡眠比白天的睡眠更重要。图画书白天也可以读，但白天睡觉和晚上睡觉不一样，所以现在睡觉才是最重要的。

让孩子睡觉对父母来说也是一种压力。孩子不睡觉一直闹，爸爸妈妈真的会很累。父母本来可能打算等孩子睡觉后看会儿电视剧的，但孩子一直不想睡觉，父母就会愤怒地想："虽然我是妈妈（爸爸），但是我也需要属于自己的时间啊，你真的太过分了！"然后可能会忍不住对孩子大吼："赶快去睡觉！"虽然我们很想亲切地告诉孩子："晚上的睡眠是最重要的。现在咱们睡觉吧？今天想做个什么梦呀？"却总是不由自主不耐烦地说："拜托你睡一会儿吧。你怎么还不睡觉？"如果父母这样说，孩子就会想："爸爸妈妈是嫌我烦吗？我睡着了他们会做什么呢？"一想到这些，孩子就更睡不着了。如果父母大喊大叫并训斥孩子，孩子的心情就会变差，就会更加难以入眠。哄孩子睡觉的时候，请真诚地说出你希望孩子睡觉的理由。如果是因为太累了，你可以说："你睡觉了爸爸妈妈才能睡觉，明天才有力气更开心地和你玩。"如果是有事情要做，希望孩子睡午觉，那么你可以说："爸爸妈妈在这个时间有事情要做，你睡一觉，爸爸妈妈就能去处理自己的事了。"如果孩子说："不要！"我们可以说："好吧，不睡也行。但爸爸妈妈工作的时候，你先自己玩一会儿，可以吗？"

有趣的是，父母对孩子睡觉的态度会发生急转弯的变化。父母在孩子上小学之前会一直催促孩子去睡觉，但等孩子上了小学之后就很少让孩子睡午觉了。尤其是孩子升入小学高年级后，当孩子因为疲劳想要睡午觉的时候，很多家长会不高兴地说："你怎么天天睡午觉啊？"因为他们觉得这样的孩子看起来懒惰散漫，"其他孩子都忙着上补习班，而我的孩子放学回来后只想睡觉"。此时，父母对孩子夜晚的睡眠也会变得敏感：别人家的孩子都学习到凌晨 1 点，可自己的孩子 10 点就要睡觉了。一看到孩子早睡觉，父母就忍不住叹气。这时，父母挂在嘴边的不再是"睡吧，睡吧"，而是"快起床，快起床"。孩子可能会想"以前我不想睡觉，你们非逼着我睡，现在我想睡觉了，你们又不让我睡"。在睡眠和饮食方面，比起设定框架，父母更应该考虑孩子的需求，这样孩子才会感到放松。

> **个子矮 |**
> 别说身高了，
> 就不能说点别的吗？

不久前，我遇到了一个小学五年级的男孩，他说自己因为"身高"的问题很有压力。起初我认为他是想再长高点，就问他"因为你个子不高吗"，孩子回答说："个子矮也是个问题，但我更苦恼的是我妈妈每天都在说身高的事，这让人更有压力。"这位妈妈走在路上只要看到个子高的人就会说："哎哟，你看他个子多高啊。"在亲子餐厅吃饭的时候她会说："我儿子吃什么才能长高呢？"孩子跳完绳回家，她会说："要量量身高吗？"

孩子表示，还没等妈妈说出"身高"这个词，他的心情就已经变得很差了，他心想："除了身高，妈妈对我就没别的话可说了吗？"孩子小声跟我嘀咕："吴院长，您看到我妈妈了吧，我爸爸也不算高，那我怎么能长高呢？"然后他又说道："身高也不是我能决定的，我妈妈老是这样说我，让我很烦。"

当父母太过执着于让孩子"长高"时,孩子的心情会如何呢?

"妈妈怎么整天拿我的身高说事啊?对她来说,重要的只有我的身高吗?长得矮就说明我是个很差劲的人吗?长得矮就没有人喜欢吗?如果我以后也长不高,妈妈会怎么看我呢?会讨厌我吗?妈妈,不是努力就能长高的。爸爸妈妈也都不高,凭什么总说我啊!"

父母不应因为身高问题向孩子施加压力,在孩子因为身高有压力时,父母应该帮助孩子。上小学后,大块头的孩子会利用身材优势欺凌瘦小的孩子。有些矮小的孩子被人推倒后,会感到很委屈,父母却对孩子说:"你看!不是让你多吃点嘛。你个子矮,人又瘦,所以他才欺负你。"父母这样说,可能会让孩子误以为力量、身高、体格在所有情况下都是最重要的,是解决所有问题的捷径,这不利于孩子形成正确的价值观。

我会对孩子说:"如果在这个世界上,只靠蛮力就能解决一切问题,那么最擅长打架的人应该成为总统,并获得诺贝尔奖吧?"孩子听了之后好像有所顿悟。"但事实并非如此。成为社会领袖的人不是只会用蛮力。拳头固然是力量,但也有其他种类的力量。不要因为你在体格上不如别人，就认为自己是个弱者。"

对上幼儿园的孩子来说，当他们因身材矮小而遭到大块头孩子的攻击时，是很难保护自己的，需要老师和家长的介入。如果老师不让两个孩子待在一起，并明确指出这样不对，孩子的行为就会得到很大的改善。而父母可以对孩子说："你应该很疼吧。他那样对你，不是因为你做错了，而是他做错了。推人是不对的行为，老师也会批评他，以后会好起来的。如果那个小朋友还打人，你可以告诉他'这是不好的行为'，或者直接说'不要这样'。"家长要教孩子学会用言语表达自己的愤怒，可以多训练他，让他敢于大声说："喂！别这样！"

解读我的画 |
很烦，不想再画画了

大人总是误以为所有的孩子都喜欢涂鸦或者画画，所以只要有时间就会让孩子画画，孩子在幼儿园里也有很多时间在画画。其实，并非所有的孩子都喜欢画画，有相当多的孩子表示："我觉得画画很无聊，我不喜欢画画。"孩子想画画的时候才会画，如果总是要求孩子画给大家看，孩子会觉得很有负担。

对画画不感兴趣或是没有绘画天赋的孩子更是如此。况且，有的家长看到孩子画画，会一直问："你画的这是什么呀？为什么要这样涂颜色呀？"这会让孩子觉得画画是世界上最令人讨厌的事情。这种情况下孩子的心情是怎样的呢？

"我根本不想画画，干吗老是叫我画？赶紧应付一下得了，我想去玩别的了。哦，就用这支红色的蜡笔涂颜色吧！为什么要问我'你怎么都涂成红色的了''怎么不画眼睛'啊，真的头疼死了，我再也不想画画了。"

虽说绘画是了解孩子心灵的一种途径，但有时也会造成很多误解。父母特别担心看到孩子把整张画涂成黑色或者红色。幼儿园老师看到孩子的画后会担心地对家长说："××妈妈，您孩子的内心好像很消极。"当然，孩子这样画画确实有可能是因为情绪上的问题。但是一般来说，散漫、冲动、注意力稍差的孩子都不喜欢按部就班地画，他们只想尽快画完。如果要涂各种颜色，就要从蜡笔筒中取出蜡笔再放回去，重复好几遍，孩子会觉得很麻烦，于是索性直接用一根色彩醒目的蜡笔涂完整张画。因此，不要看到画就轻易断定孩子的内心状态。孩子这样画画更可能是因为不喜欢画画、性情比较急躁，或是不喜欢按烦琐的步骤做事，而不是因为情绪问题。

如果孩子的画中出现像刀一样尖锐的东西或是武器，父母也会担心。这是因为以前有种观点是，孩子的画中出现这样的东西，很可能表明孩子内心充满愤怒或是有攻击性。这种观点已经过时了。现在孩子喜欢看的动画片中有很多武器，因此，有的孩子画画时，会画打架或是战争的场景。如果孩子经常画这样的画，我们应该注意观察孩子平日看的漫画或画册中有没有这样的场景。对于一部分男孩子来说，在游戏或绘画中表现出攻击欲望，也是一种纾解方法。我们要从多种角度解读孩子的画。

其实，父母也是因为关心孩子、想更了解孩子，才会认真解读孩子的画和涂鸦作品的。曾经有位妈妈，带了近百幅孩子的画来找我，说想要读懂孩子的心。我对那位妈妈说，虽然画中可能会展现出孩子的一部分内心世界，但我绝不是全部，更重要的是关注和观察孩子的现实生活，看看孩子在幼儿园里过得开不开心，有没有和其他孩子吵架，或者敢不敢表达自己最基本的攻击性，等等。

需要注意的是，即使看过孩子的画后有一些想要指出的问题，也不要对孩子刨根问底。如果父母不停地追问"你这画的是什么""发生了什么事情"，孩子会变得不愿开口与父母说话。

父母可以抛出一些积极的问题，比如"今天发生了哪些有趣的事情呀"，以这样的形式引导孩子分享，也可以问："你们班有没有淘气鬼？""你们老师脾气好吗？"

来诊疗室的父母经常对我说："这孩子在家里问什么都说不知道，怎么在您面前就叽叽喳喳什么都说了？"父母觉得孩子在我面前把学校里的以及和朋友之间发生的鸡毛蒜皮的小事都说出来，实在太神奇了。这主要是因为我们的沟通方式存在差异。有些方式会让孩子乐于分享自己的生活，而有些方式会让孩子充满警惕，把自己藏得更深。不论孩子是上幼儿园，还是上初中、高中，这种心情都是一样的。

其实这样也很烦 ①

计时隔离

孩子为什么会烦呢？▶

"计时隔离"是个好方法，但如果使用不当，会对孩子的情绪造成非常恶劣的影响。父母对孩子说"你就待在这个房间"，然后转身出去，孩子会感到非常害怕。在西方国家，发明这种方法并不是为了把孩子关在房间里，而是要让人安静地坐在某处，让亢奋的情绪平静下来，从而冷静地思考。采用"计时隔离"的方法是为了使父母和孩子不在情感上反应过激，让躁动的情绪缓和下来。父母在使用这一方法时应该对孩子说："妈妈去冷静一下，你也坐在这里冷静一下，再好好想想吧。"但是在真的使用这个方法时，我们通常会像要惩罚孩子一样，用凶巴巴的语气对孩子说："你就待在这里好好反省吧！"所以孩子被拖走的时候，会拼命反抗、大喊大叫，被关在房间后会哭闹不止，要求把他从房间里"放"出来。这时孩子会想："为什么要把我关起来？妈妈好像不要我了。真是太可怕了。"

应该怎么处理呢？▶

依恋类型分为稳定依恋和不稳定依恋，如果孩子与父母亲密，那么在形成依恋关系的过程中可能并没有出现过什么大问题，只是亚洲国家的依恋关系偏向于不稳定依恋关系中的"偏执依恋"。在日常生活中，我们经常看到哭闹不止、哼哼唧唧地缠着父母的孩子，因此，若是家长"计时隔离"的方法使用不当，会对孩子的情绪造成更大的打击。虽然这确实是一个好办法，但我很少在周围看到使用成功的案例。因此，若是家长没有自信能够好好运用，就尽量不要使用这个方法。

先玩哪个游戏、读几本图画书

孩子为什么会烦呢？▶

有的父母在"顺序"和"数量"的问题上非常固执，不听孩子的意见，以致经常引发各种问题。比如孩子现在想玩拼图，家长却说"今天练完三个字才能玩"。这是父母给孩子分配的任务，要求孩子完成，而一些脾气大的孩子会说"不要，我就要先玩拼图再练字"，父母会厉声说"不可以，先去练字"。这时，孩子会非常生气，甚至开始向地上吐口水。他心里感到很委屈："妈妈总是欺负我，我要故意做些坏事惹她生气！"

应该怎么处理呢？▶

我们应该问问孩子想先玩哪个游戏、想读几本图画书。父母可以问孩子："你想怎么做呀？"有些父母觉得，怎么能一直让孩子随心所欲呢？我并不是说所有的事都要征求孩子的意见，像那些会有危险的事、所有人必须遵守的规则、会对自身和他人造成危害的事，自然不需要问孩子的意见。不过，我们可以问孩子一些想要几点刷牙之类的事。刷牙是我们给孩子定好的规矩，但是我们可以问问他想要几点去做这件事。同理，我们已经告诉孩子今天必须完成作业，但是可以问问孩子，是想先玩游戏再做作业，还是做完作业再玩游戏。当然，孩子有可能说稍后做作业，但最后却没有做。这样的事也应该让孩子经历一次。这样一来，家长下次就可以拿这个例子对孩子说："你上次说话不算话，这次怎么办呢？"

记得多问问孩子的意见吧！虽然短时间内父母可能会觉得结果不尽如人意，但从长远来看，多询问孩子可以教会孩子更多东西。

长篇大论的说教

孩子为什么会烦呢？▶

不发脾气，好好跟孩子说明情况的父母就是好父母吗？孩子的年纪不同，这个问题的答案也不同。虽说年纪稍大的孩子能够理解父母长篇大论的说教，但他们还是更喜欢简短的说明。年纪小的孩子在吃饭前想吃一颗糖，可妈妈说："妈妈不是告诉过你嘛，吃饭前吃甜食，就没有胃口了。你吃完饭妈妈会给你糖的，为什么忍不住呢？上次咱们不是说好了吃饭前不吃别的东西吗？"听到这么长的说教，孩子往往会尖叫着捂住耳朵，不想再听到妈妈的声音。

应该怎么处理呢？▶

很多时候，对于年纪小的孩子来说，比起长篇大论地说教一番，直截了当地说"不行"会更有效。当孩子想要摸脏东西时，家长只说一句"不能摸"就好了。如果说得太多，孩子会头脑发蒙。当孩子问"为什么"的时候，请简洁明了地解释清楚。小孩子的发展程度还不足以支持他们理解父母的说教。但是有的家长会问："如果我每天都只告诉他'不行'，孩子的自尊心不会受挫吗？"请注意，这里的"不行"针对的是孩子不应该做的事情，在这些事上拒绝孩子，是不会打击他的自尊心的，相反，这会让孩子明确知道不该做的事情，并因为好好遵守规则而获得自信。

打下手

孩子为什么会烦呢？▶

如果家里有好几个孩子，每个孩子都会觉得平时父母让自己打下手最多，从而觉得不公平。另外，孩子多的话，父母让最大的孩子跑腿，他会使唤自己的弟弟妹妹。这样一来，老幺就会很不爽。那么，孩子为什么不喜欢打下手呢？这是因为他们会有一种被使唤的感觉。孩子觉得这表明父母不爱护自己。父母让孩子打下手的语气有时也会伤害孩子。明明是拜托孩子帮忙，有的家长却会像训斥一样用命令的口吻说话。

应该怎么处理呢？▶

父母如果实在忙不过来，请这样说："爸爸需要你的帮助，能帮爸爸一个忙吗？"在全家人一起大扫除的时候，父母可以对孩子说："你也是这个家庭的一员，需要帮助爸爸妈妈，承担一定的义务。"如果家里孩子很多，却经常让某个孩子跑腿，请一定要告诉他："爸爸妈妈是因为信任你，才会一直拜托你帮忙的。"这会平复孩子本来委屈的心情，让他觉得自己的能力得到了认可。

Chapter 2

甜蜜的烦恼
朋友

> **孩子的心情**
>
> 朋友,
> 　很喜欢他们,但相处起来很难

大多数人会把朋友看作礼物一般的存在,但有的孩子却说"朋友带来很多烦恼"或是"因为朋友感到痛苦"。起初,孩子会把对自己好的人、见到他(她)就很开心的人、在一起的时候感觉很幸福的人都当作自己的"朋友",并按照这样的想法用心对待朋友,结果却发现大家相处起来并不像想象中的那样顺利。相处的过程有快乐的一面，也有辛苦的一面。为什么会这样呢？因为孩子和小伙伴们在对待彼此的时候，谁也不会主动低头。他们都还不成熟，又都不愿意让步，于是就陷入了两难境地，一方面觉得小伙伴很好，另一方面觉得和朋友们相处起来很难。

从上小学到高中毕业，孩子最大的压力来源就是自己的同龄人。在同龄人那里，孩子可能会遇到难以言喻的挑战，而且父母还不好插手。孩子学习成绩不好，父母可以选择送孩子去补习班，想办法帮助孩子解决问题。但是在与同龄人相处方面，父母却帮不上什么忙，孩子也不会轻易开口寻求父母的帮助。初、高中的孩子尤其会觉得请求帮助是件很丢脸的事，因为他们把和同龄人相处看作自己的私事。正如爸爸不会把工作上的烦心事一五一十地告诉爷爷奶奶一样，孩子也不愿意对父母倾诉这些烦心事。

初、高中生一想到要把与同龄人相处的难事告诉父母，就会变得心情复杂，他们担心父母知道后会为了帮自己解决问题而去找学校。初高中时期，如果不是因为孩子惹了麻烦或是开家长会，家长一般是不会来学校的。如果谁的家长来了学校，这个孩子就会成为大家关注的焦点。不管父母处理事情有多么低调，同学们都会把这个孩子当成"妈宝"来取笑。

即便父母保证不会去学校，孩子也很难开口，因为事情解释起来冗长又麻烦，需要说明欺侮人的孩子是谁、属于什么小团体、两人之间发生了什么事、在这件事中自己有什么做得不对的地方等等。在孩子来咨询的时候我发现，让他们最不舒服的地方是要公开自己的全部生活。青春期的孩子特别讨厌父母打探自己的生活。也是因为这种奇妙而复杂的心情，当孩子需要说些什么的时候，他们最终只是说："哎呀，也没什么事，妈妈不知道也没关系。"

孩子也会因为担心父母说自己朋友的坏话而不想说出实情。有的孩子曾这样对我说："我的朋友没有一个是能让我爸爸妈妈百分之百满意的，所以我不想介绍他们相互认识，也不想在我爸妈面前提起我的朋友。"在父母眼中，孩子交的朋友都是不完美的，有各种缺点，有的学习很好但是家里有些问题，有的人品很好但是没在父母身边长大，有的家境很好但是学习成绩差。孩子觉得，父母一定会因为这种种情况说朋友的坏话，并禁止自己以后和他们一起玩。

青春期的孩子会把自己和朋友视为统一体，也因此会说出"跟着朋友去江南"①之类的话。如果父母说朋友的坏话，他们

---

① 韩国的流行语，意思是只要是朋友想去的地方，不论是哪里自己都会跟着一起去，表示与朋友关系亲密。——译者注

会觉得自己也一起被骂了，而且会感到愧疚，好像做了对不起朋友的事。所以，孩子并不愿意把和朋友之间的各种小事告诉父母。对这个时期的孩子来说，谈及和朋友的关系这件事本身就让人压力很大，父母稍微多问一句他们就会发脾气："哎呀，别管了！""为什么总是这么问？""我们相处得好着呢！"他们会这样敷衍着打断父母的提问。

小学生倒是很喜欢和父母分享自己与朋友的事，但是也只会在和朋友相处得好的时候分享，在和朋友发生矛盾、感到压力、需要父母的帮助时反而不会说了。这主要是因为孩子怕父母会批评自己。孩子和朋友吵架后本来心情就不好，讲给父母听后，父母可能还会责备说"谁让你像小混混一样打架的"，或是指责孩子"你是笨蛋吗？他打你你不会打他"。其实孩子当时最需要的是安慰和支持。如果父母不仅不安慰，还指责孩子，孩子就会想："以后最好还是不要让他们知道了。"若是你发现孩子与朋友相处得不愉快，他却什么也不想说，那就应该仔细想想，平时听了孩子的讲述后，自己是不是经常对孩子发脾气，没有给孩子建议，只是一味地数落孩子，或是总说孩子是"笨蛋"。

分享玩具｜
这是我的安全界限，
越界的话我会不安

为了让孩子和同龄人一起玩，家长会邀请邻居家的小孩来家里做客，但当邻居家的小孩碰孩子的玩具时，孩子却闹了脾气。这时候，家长是很尴尬的。孩子是自私的小孩吗？如果不是，孩子为什么不愿意和别人分享自己的玩具呢？

"我真的很讨厌别人碰我的玩具，尤其是我很喜欢的玩具，我的心情真的会变得很差，很怕他会弄坏我的玩具。但是妈妈总是让我跟小伙伴好好相处，上回有个小孩来我们家，哭着闹着要拿走我的玩具，我不给，妈妈还训斥我，让我送给他。这还不如不让他来陪我一起玩呢,越玩越不开心了。"

孩子不愿意分享玩具并不是因为太自私,他们只是容易感到不安。这些孩子很重视自己和他人之间的界限,认为别的孩子碰自己的玩具是越过了自己设定好的安全界限。如果我们把这种行为看成孩子过于自私的表现,就真的误解了孩子。

在这种情况下,在邀请别的小朋友来家里玩之前,请先跟孩子商量好。"这是你的东西没错,妈妈绝对不会让别人拿走的,我们只是在小朋友来玩的时候拿出来一会儿。这里面有你特别宝贝、不想让别人碰的玩具吗?"如果孩子说"有",我们可以说:"那先把它收起来,和朋友一起玩其他玩具。现在,如果别的小朋友碰你的这些玩具,你不会生气了吧?"请等到孩子答应以后,再邀请别的小孩来家里玩。这样做既尊重了孩子的安全界限,又把安全范围缩小到了孩子能容许的程度。如果家长没有和孩子商量好,一味地批评孩子"你怎么能那么自私呢?要好好招待人家啊",孩子就无法享受和朋友一起玩的乐趣了。

有个来治疗的孩子这样说道:"有几次,我没能保护好我的玩具。妈妈把它们送给了别的小朋友,我再也不相信妈妈了。""妈妈答应我不会让别人把我的玩具拿走,我才把玩具拿出来跟他一起玩的，结果那个小朋友说想把它带回家，妈妈就送给他了。我伤心地大哭，不守信用的妈妈却还批评我：'你不是有很多类似的玩具吗？这也不是什么大事，有什么好哭的？'"请各位家长记住，如果和孩子商量好了邀请别人来家里玩，就一定要遵守自己的承诺，要是说话不算话，孩子就会更加固执地不再分享自己的东西了。

家长若是很难和孩子达成一致，那么可以制定一些孩子能接受的规则。比如，请来玩的小朋友带一件自己的玩具，再让孩子借一件玩具给对方，让他们互相玩对方的玩具，等朋友回家时，再请他带着自己的玩具回去。大部分孩子会同意这样的做法。如果没能和孩子达成一致，千万不要威胁孩子说"你这个样子，没有人会愿意跟你做朋友"。若想让孩子体验到与朋友一起玩耍的乐趣，家长最好是跟来玩的小朋友的父母好好说明情况，想办法让两个孩子都开心。和小朋友一起玩过几次后，孩子就会知道，可以在守护好自己安全界限的同时玩得开心，这样，孩子的行为就会有所改善。

顺便说一下，对婴幼儿时期的小孩子来说，与小伙伴分享自己的东西是一件压力很大的事情。因为他们还没有性别之分，对"友情"也没有任何概念。在这个时期，"朋友"其实只是"玩伴"。因此，孩子年龄越小，在游戏中就越少与朋友进行互动。两岁半到三岁半的孩子，会在同一时间、同一地点和周围的小朋友玩同样的游戏，但在这个时期，孩子之间基本也不会发生互动。因为孩子是在互相模仿着玩类似的游戏，这样的游戏形式也被称为"并行游戏"。孩子四五岁的时候，他们才会一边玩游戏，一边和朋友交谈，分享自己的东西，或是把东西借给别人，能定好玩游戏的顺序。等孩子四岁半以后，大家就可以一起参与同一个游戏了。这时，孩子有了共同的目标，可以分别扮演不同的角色，一起玩耍。虽然这样的场景看起来很令人欣慰，但家长请记住，最好不要期望孩子很早就能和朋友这样融洽地一起做游戏。

拍一下就跑掉 | 感觉像是在打我，但他说是不小心的

　　有些孩子感官异常敏锐，从小时候开始，他们就会对父母眼中微不足道的事情反应过度。对于这些异常敏感的孩子，即使朋友只是轻轻地碰了他们一下，他们也会过度解读："他好像是在打我，还是故意打的。"产生了这样的想法后，孩子的心情一下子就变得不爽了，难免会采取过激的行动。别人只是轻轻碰了他一下，他却大发雷霆，嚷着："你为什么打我！"甚至还会因为朋友打了自己而瘫坐在地上号啕大哭。

　　稍大一些的孩子，当朋友抓住他的袖子说"喂，咱们去吃饭吧"，他会精神紧张地大喊："啊，放开！"别人路过的时候

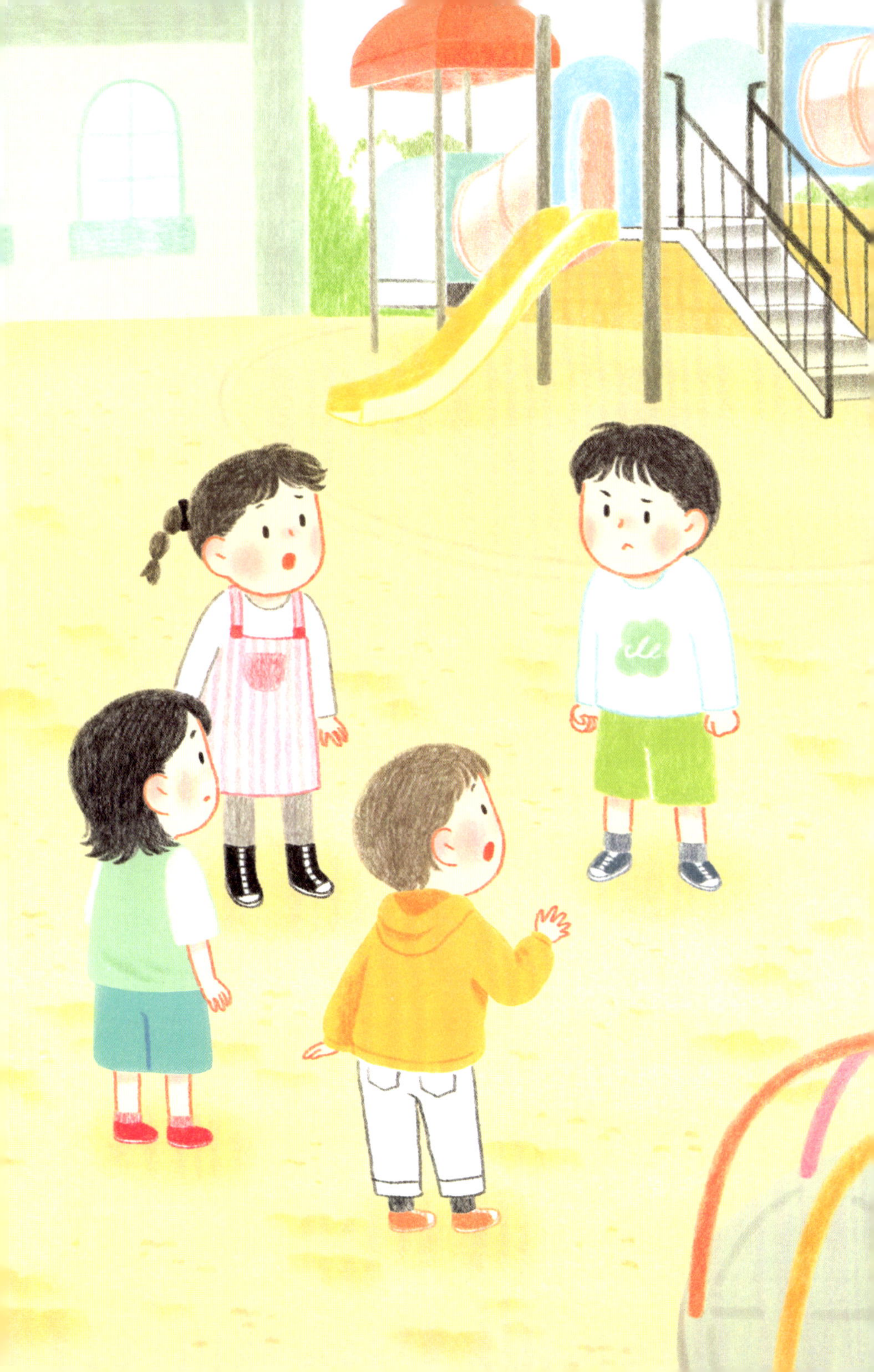

不小心撞了一下他的桌子，他也会吓一跳。朋友看到他很高兴，从远处跑过来找他，他会感觉朋友像是要攻击自己一样，下意识地躲避。有些极其敏感的孩子为了保护自己，甚至会先发制人地跑过去打对方。孩子的反应这样强烈，会让同龄人觉得很荒唐，感觉有心理负担，慢慢和孩子疏远。这不利于孩子社会性和人际关系的发展。那么，这些格外敏感的孩子是怎么想的呢？

> "每次上完幼儿园回家我都很累。其他小朋友都打我。如果我被打哭了，老师就会说他们只是闹着玩不小心的，但我觉得不是那样的……如果我告诉妈妈，妈妈也只会说他们是不小心的，没有人站在我这边。因为怕被打，我不愿意和他们一起玩。他们大喊大叫也很烦。我又累又难受，要是他们不来招惹我就好了。"

高度敏感的孩子可能会被同龄人看作性格奇怪、挑剔的孩子。在体育课上，这些孩子因为怕被其他同学的绳子抽到，只好一个人在远处跳绳；因为怕身体冲撞，他们不愿意和朋友一起踢足球。即使偶尔踢足球，他们也会害怕球飞过来打到自己，只好一直躲在球门后面。

从婴幼儿期到小学低年级，都有很多因为过度敏感来就诊的孩子。家长来找我时，说的第一句话通常就是"吴院长，救救我的孩子吧"。孩子很痛苦，在一旁看着的父母也很痛苦，孩子周围的朋友也很痛苦，大家都束手无策。这样的孩子会对温和的刺激产生过激反应，敏感地将各种靠近当作威胁和攻击。

来找我的一位妈妈为了让孩子交朋友，一直带着孩子四处串门，因为孩子在幼儿园里似乎没有关系好的朋友，总是畏缩不前或呆坐着，回到家就无精打采。妈妈感到很焦虑，她觉得，如果给孩子找到一个好朋友，孩子可能会有所改变。于是，她特意请其他妈妈吃饭，请客去游乐场，来给孩子创造交朋友的机会。但是，孩子只是尴尬地站在角落里，并不去和其他孩子交流。孩子体会不到妈妈的良苦用心，妈妈也不知道孩子到底为什么会这样。当时孩子是怎么想的呢？

> "从幼儿园回来都已经累死了，结果妈妈还为了培养我的社交能力，每天带着我四处串门。我只想在家休息一会儿。虽然玩的时候很有趣，但是要一直忍受经常大喊大叫、动不动就打人的那些孩子，简直像在人间地狱，我都快烦死了。妈妈太过分了。"

要想判断孩子是否敏感，可以好好观察他们在生活中如何应对来自外界的刺激，比如：被人盯着看会避开视线，对食物的味道和口感很敏感，不喜欢口香糖或糖渣等粘在牙齿上的感觉，因为讨厌沾水而不想洗头，因为不喜欢黏糊糊的感觉而不愿抹乳液，固执地只想穿同一件衣服，拒绝穿新买的衣服，从长袖换成短袖的时候过于敏感，袜子的前端歪了的话会要求重新穿，衣服稍微沾了一点水就想脱下来，不想去没去过的地方，因为一点噪声就捂住耳朵尖叫，摸不得黏土之类软乎乎的东西，甚至点心稍微碎了一个角也要重新买一个，等等。人生在世难免会遇到很多刺激，这些都是孩子在受到刺激时感到不适的信号。

我们通过感官系统接收生活中来自外部的各种信息和刺激。孩子必须接收外部信息或刺激才能培养能力，感知是接收过程的第一阶段，如果孩子在这个阶段已经表现得过于敏感，那他后期可能根本无法承受外界的刺激和信息，下一阶段的成长和发育可能也会变得困难。

当孩子面对刺激感到不适或产生抵触心理时，家长要先立刻停下来，下次再继续帮孩子适应。有了多次经验，孩子面对刺激能处于舒适状态时，才能进入下一个阶段。我们要有耐心，根据孩子可以接受的程度一点一点地慢慢推进。例如，如果孩子不想穿新衣服，就不要勉强他穿，可以把衣服挂在衣架上几天，让孩子路过看看新衣服，或是让他摸一摸，像这样分阶段地让孩子习惯。在孩子可以从容地接受之前，请耐心等待吧。

另外，对于很敏感的孩子，家长应格外注意不要大喊大叫或经常发火，这会加剧孩子的不安。感官敏感意味着对外部刺激极度不安，而那些让孩子感到不安的事情又会让孩子更加敏感。另外，有时候孩子发出的信号和父母预想的并不一样。如果孩子哆哆嗦嗦地表现出害怕的样子，你可能会想"我家孩子有点不安啊"，然后抱抱他说"没关系，没关系"，让他冷静下来。但是，如果孩子张牙舞爪、闹脾气或者发火，我们就很难想到他这样是因为害怕和不安。家长只会认为孩子具有攻击性、固执、性格暴躁，然后开始训斥。孩子的情绪还在发展中，他们偶尔会因为不知道如何表达自己的感受，做出与内心情感不符的行为。因此，虽然非常困难，我还是希望各位家长不要只从表面现象判断，而是要努力理解孩子内心的真实想法，并且充分考虑当时的情况、孩子的性格、孩子以前的发育过程等，然后再进行判断。这是教育好孩子的锦囊妙计。

公平的规则｜
我真的无法忍受失败！

有的孩子无法忍受在与同龄人相处的过程中"输"给对方，一定要赢过别人，对他们来说，游戏中需要遵守的规则让人很有压力，这些所谓的"规则"限制了他们，使他们无法赢得胜利。为了赢，他们会违反规则，甚至想改变规则，就算输

了游戏，也要改变规则，坚持自己赢，如果最终还是赢不了，他们就会哭闹不止。这些孩子为什么会这样呢？我们应该从两个角度看待这个问题，在不同情况下，孩子会有这样的想法：

"我在家里是常胜将军，从来没有输过，所以无法忍受'输'这件事，我必须得赢才行！我爸爸也教育我，既然要做，就要做到第一名，和别人打架我也一定要做打赢的那方，绝不能被打败，灰溜溜地回家。"

"如果事情不能如我所愿，我就会无法忍受。如果输了，我的心里会非常难受，甚至感觉自己被攻击了。"

这两个孩子都是由于具有极强的胜负欲才过于争强好胜，下面我们也会提到由于内心不安才执着于要赢的孩子。

由于胜负欲过强而只想赢的孩子，没有认清就算在游戏中输了也不需要屈服于他人的事实。这些孩子一旦输了比赛，就会觉得伤了自尊。这是因为父母赢了的时候，只要孩子一哭，他们就会说"好吧好吧，你赢了"。他们没有让孩子在输了游戏后也体验到快乐，于是孩子就开始执着于必须赢，无论什么都想争个名次，什么事都必须得第一名。孩子会变成这样，可能是因为内心的欲望太多，也可能是因为家长太重视结果。每次孩子做了点什么，父母都要反复强调分数和名次。"怎么错了一道题？应该得满分呀！"

内心极度不安的孩子也会害怕失败，因为他们一旦无法占据有利地位或是无法掌控自己的世界，就会感到不舒服。他们坚信只要赢了，自己就不需要做任何让步，心里也会舒坦很多，而若是输了，他们就会觉得自己要被吞噬，要陷入一种危险的境地。所以，他们是为了内心的舒适才只想赢不想输。这些不安的孩子总是过分地想要控制一切。他们把蜡笔放在桌子上，位置不能随意挪动。若发现蜡笔被放到了桌子下面，他们就会跑过来嚷着"放回我刚刚放的位置"，甚至还会因此哭闹不止。跟爸爸妈妈外出回家后，每次都必须由他们按门口的密码锁，若是有一次爸爸妈妈忘记了，自己开了门，他们就会大闹。此时，他们的想法是这样的：

> "要是事情不按照我的安排和计划发展，我会受不了。按照我的设想，我进了电梯后，要等电梯门关上，再按下14层的按钮，到了14层之后电梯门打开，我会走出电梯，按家门口的密码锁，但是妈妈把我的计划打乱了。现在我很不开心。妈妈是坏人！"

因为自己设定的规则被打破而感到异常不安，这在学龄前的孩子中很常见。上小学后，有的孩子总是抢着站在队头，想第一个拿到午餐，这或许是因为他们的胜负欲很强，事事想要争先。父母应该好好想一想，是孩子本身性格如此，还是孩子跟自己小时候性格相似，以及自己有没有做过什么加剧了孩子的不安。只有找到让孩子不安的原因对症下药，孩子的情况才能有所改善。

有的来咨询的父母总是声称，结果才是最重要的，就像争辩说自己赢了的孩子一样。但是，世界上有很多事并不是这样的，尤其是与孩子的成长相关的事。对孩子来说，过程才是最重要的，孩子的成长本身就不是一件成果，而是一个持续发展的过程。孩子需要体验这个过程，形成生存所必需的价值观。

家长总爱跟孩子比赛，对孩子说"咱们来比比谁能赢"，或者是在吃饭的时候说"看看谁吃得更快"。不只如此，幼儿园里、兄弟姐妹之间，也总是存在各种竞争。我认为应该减少这样的竞争。虽说竞争并不一定是坏事，孩子在竞争中也能学会很多东西，但是，对成长有意义的竞争必须是公平的。重要的不仅仅是结果，更是孩子曾经为了目标拼尽全力的经验。

然而，家长对孩子发起的竞争并不能算公平，家长和孩子比赛并不是想帮助孩子成长，这只是控制孩子的一种方式。为了控制孩子，家长有很多办法：或是跟孩子比谁吃饭更快，或是威胁孩子"你不吃妈妈要生气了"，或是把自己的爱当作筹码，吓唬孩子"如果你不吃饭，妈妈就不跟你玩了，妈妈就不爱你了"。还有的家长为了让孩子吃饭，打开电视，趁着孩子看电视入迷的时候往他嘴里塞饭。为了控制孩子，家长有时还会采用不合理的补偿方式。最近，手机成了家长最爱的工具。手机真的有很多用途：在孩子哭的时候用手机哄他；当父母有别的事要做时，用手机分散孩子的注意力；在孩子闹脾气的时候，用手机快速解决问题；等等。有的家长甚至把手机当作交换条件，对孩子说："你好好吃饭，妈妈才会给你手机玩。"这样的教育方式会让孩子变得争强好胜，使他们因为怕"输"而倍感压力。

由于内心不安而争强好胜的孩子，在生活的其他方面也会表现出不安。比如，这样的孩子会过分固守自己的规矩，极度讨厌自己的原则被打破，甚至会拒绝和抵抗规则的变化。我们应该帮助孩子跳出自己设定的"章程"，但要注意不能太强硬，否则孩子和父母站在对立面，孩子的心里就更不舒服了，他们可能会因此更加固执地死守自己的原则。最好是能让他们自发地感受到，即便跳出自己设定的界限，自己也会很安全。

妈妈早晨对孩子说："今天放学后去上美术兴趣班的话，晚上妈妈给你做糖醋里脊吃。"但不久，医院打来电话，称预约的那位医生出于某些原因，接下来的几天都不在医院，问孩子今天有没有时间过去。妈妈欣然答应，并对放学回家的孩子说先去医院。结果，孩子由于无法接受突然改变的安排，闹着不去医院。好不容易到了医院，孩子的嘴噘得老高，医生问道："你今天怎么啦？"孩子回答："我不知道今天要来这里。"医生又问："非得提前知道吗？"孩子气鼓鼓地说，自己还没有做好心理准备。

对于不安的孩子来说，"心理准备"是很有必要的，他们无法忍受计划之外的事。在这种情况下，家长可以这样说："下次会提前跟你说好的，妈妈不是故意不告诉你，妈妈也是今天才临时接到通知。我们都会面临很多这样的突发情况，这是不可避免的，有时候，计划赶不上变化。"

孩子很喜欢去美术兴趣班，等到心情稍微好一些，他可能会问："那今天去不了美术班啦？"如果事情的安排有变，孩子会觉得哪里出了错。妈妈可以这样说："不是呀，我们一会儿离开医院后去就行，妈妈会跟你们美术老师说明情况的。"等和美术老师打电话的时候，可以直接让孩子自己说。要记得教孩子，只要这件事是自己想做的，那么在任何时间做都可以，不一定非要找一个固定的时间。但孩子可能会担心："万一老师不同意呢？"这时候，妈妈可以跟孩子说："咱们先打电话试试，如果老师不同意，咱们再想别的办法。"要让孩子体会到，即便和原计划不一样，也仍有很多解决问题的办法，这一点非常重要。谁都会遇到预料之外的事情，这不会危害我们的正常生活……要先接纳孩子的不安，再通过其他可行的方法帮助孩子。孩子之所以会闹个不停，是因为害怕改变了原有的计划后自己会不安全，所以最好的办法就是尽快让孩子知道，这样做是安全的。

是开玩笑还是欺负我│
到底该如何区分啊?

即使到了小学高年级,有些孩子也还是会调皮捣蛋,或是排挤、欺负他人。孩子受了欺负,心情很糟糕,甚至连学校都不想去了,当家长找到欺负孩子的小孩时,他却说:"我没有欺负人,我只是开个玩笑而已。"真的只是开玩笑吗?真的只是调皮捣蛋吗?开玩笑和欺负人的差异非常微妙,如果分不清楚,孩子很可能会在不知不觉中遭受排挤。而且,如果别人确实只是开玩笑,孩子却说自己受了欺负,别的孩子可能也会觉得很有负担。在诊疗过程中我发现,不只是孩子,一部分家长和老师也弄不清两者的区别。我们首先要记住,不论是被别人

开了玩笑还是受了别人欺负,孩子都会备受煎熬。让我们先来倾听下孩子的心声吧:

> "我觉得他们是在欺负我、捉弄我,但他们却说这只是个玩笑,老师也说他们只是闹着玩,说我太敏感了。但我真的忍受不了,我也说过让他们不要这样,我真的要疯掉了。"

想象一下,有个小朋友打了孩子一拳。要想分清这究竟是"玩笑"还是"欺负",父母首先需要了解那个小朋友的意图。在大多数情况下,孩子认为被打疼了就是"受了欺负",没被打疼就是别人在"开玩笑"。但问题在于,这个时期的小孩控制不好轻重,有时候,他们真的只想开个玩笑,只是力气用大了,而误认为自己受了欺负的孩子可能会因此还手,于是幼儿园里每天都有人打架。当被老师批评的时候,孩子会觉得很委屈,因为并不是自己先惹事的。

有个初一的男孩子和同学打架,甚至到了抄起椅子的地步。这个男孩子名叫"刘文哲",但别的同学总开玩笑叫他"婴儿车"[①]。文哲已经警告过他们不要这样,可大部分开玩笑的

[①] 在韩语中,"刘文哲"和"婴儿车"发音类似。——译者注

同学不但不听他的警告，反而觉得他生气的样子很有趣，变本加厉、情绪高涨地喊他"婴儿车"。刘文哲非常生气，甚至骂了脏话。有个开玩笑的同学听到后，生气地冲上前说了句"你骂谁呢，要打一架吗"。不知道是谁先动手打的人，但孩子们就这样扭打在一起，刘文哲像是要把之前受欺负积压的怒火一并宣泄出来一样，情绪瞬间爆发，甚至抄起椅子准备砸过去。

孩子有这种性格，实际上是处理人际关系能力不足的体现。其实，在这样的情况下，有很多可以解决问题的方法。当其他孩子拿自己名字的谐音开玩笑时，我们可以一笑置之，而刘文哲只要受了一点委屈，就会觉得别人是在攻击、刁难自己，从而觉得无法忍受。

这样的孩子认为自己受欺负在先，所以无论自己怎么应对都是合情合理的，也正因如此，他们并没有认识到自己的行为可能会伤害到其他人。他们善于将自己的行为合理化，时不时还会翻旧账。今天明明是被甲欺负了，却会连以前从乙、丙、丁那里受的气一并发泄出来。他们无法独立地看待每件事，总是泛化问题，把问题扩大到"他们都欺负我"，从而无法与朋友们维持良好的关系。这样一来，孩子逐渐会不愿意去上学，其他孩子也会无法忍受他。这样的孩子来诊疗时，时常会说："他们总是欺负我，要是他们老老实实的，我也不会惹事，是他们先招惹我，还不跟我道歉，我才生气的。"

因无法辨别玩笑和欺负而痛苦万分的孩子，可能自身正处于极度不安之中，所以才过于敏感，对待所有事情都采取消极的态度。也有可能是他们解决问题的能力不足，方式单一，所以总是过度追究、生气发火或是要求别人道歉。针对这种情况，家长首先要认识到，我们不能要求其他人做出改变，问题出在我们自己的孩子身上。通过教育、咨询、治疗，我们可以帮助孩子做出改变。

我时常对来诊疗的孩子说："有一个很有名的实验，叫'老鼠箱子实验'。"

"嗯？把老鼠放进箱子里吗？"

"是的。老鼠喜欢吃面包，我们把老鼠放进箱子里，然后把面包放在老鼠嘴够得着的地方，如果老鼠咬到面包，就会连通电流，不过，电流不至于把老鼠电死。接着，我们把老鼠放出来，老鼠闻到面包的气味，会跑过去咬面包，那这时候老鼠会怎么样呢？"

"会吱吱吱吱地叫。"

"没错，老鼠会触电，但不会死，触电的老鼠会马上把叼着的面包丢下。那么下次老鼠还会不会来吃面包呢？"

"会再吃的。"

"是的,下一次老鼠还会来吃面包。但是,再过两三次,老鼠就会明白:啊,我再吃这个会受伤的。于是它们就不会再吃了。你看,老鼠都能懂得变通。你想想看,你和朋友们这样打了三四次,因此挨了爸爸妈妈多少批评?受到批评后不开心的是谁呀?"

"是我。"

"那么,你老用这样的方法,能改善与朋友之间的关系吗?"

"不能……"

"你总用同一种方法,但不奏效,那是不是应该换种方法呀?"

"是呢……"

"我觉得你之前没有学会这一点。你的朋友中,有没有经常和你打架的?"

"有的。"

"他招惹你的时候,你一般会说什么呀?"

"说'别这样'。"

"他听你的吗?"

"不听。"

"你说了,但他不听,再说一次会有效果吗?"

"不会的。"

"但你还是经常说,对吗?"

"啊，确实是。那么吴院长，我应该说什么呢？"

"听说你对妈妈说'妈妈总是向着他们'，还发脾气哭鼻子了呢。"

"那我应该怎么做呢？"

"现在开始，我们一起想想别的方法吧。"

我把跟孩子的对话如此详细地记录下来，主要是因为很多家长不知道该如何针对这样的主题和孩子展开对话，他们很容易情绪激动地批评、训斥孩子："喂，就因为你老这样，别的小朋友才会开你玩笑啊！"很多时候，虽然并非出于本意，但父母脱口而出的一些话会伤害到孩子，其中最典型的就是父母用尖厉、冷酷的声音对孩子说的以"喂，就是因为你……"开头的话。不论父母接下来说什么，都不是在教育，而是在训斥孩子。如此一来，孩子能从中学到什么呢？在孩子本身解决问题的能力还不成熟的情况下，我们应该通过对话引导孩子思考"那我该怎么做"，这样才能自然地教会他们解决问题的方法，孩子才能真的学以致用。

有的父母会说，不管说了多少遍，费了多少口舌，孩子都毫无改变。我们可以试试这样说："爸爸已经告诉你很多遍啦，但你还是每次都发脾气，看来爸爸的方法不好使。爸爸会换个办法，争取让你更好理解！"然后，家长真的要去想一个新的解决办法，如果想不出来，那说明不仅是孩子，父母自己解决问题的能力也不足。在生活中，只有父母经常使用多种多样的方法解决问题，孩子才会明白："啊，原来这个办法不管用的时候，还可以想其他办法。"这是应对所有压力的核心。

以上，我们讨论了孩子错把玩笑当成欺负的情况，如果孩子并没有误会，而是真的被人欺负了，那该怎么办呢？比起高中时期，初中和小学高年级更容易出现欺负、排挤同学的现象。这个时期的孩子还不够成熟，尤其需要父母积极的帮助。

首先，当孩子觉得别人开玩笑像是在"欺负自己"时，父母需要判断究竟是孩子小题大做，还是真的有人在欺负他。你可以问问孩子："他是只对你这样，还是对其他人也这样啊？"如果孩子说"他对谁都这样，我们班的小朋友都很讨厌他"，那么那个孩子很有可能是在开玩笑。此时，你可以对孩子说"他可能就是这样的性格"。

但是，如果孩子说"他对其他人都挺友好的，唯独欺负我"，父母就得想想孩子是不是成了别人的"出气筒"了。当然，我们也不能忽略孩子过于敏感的可能。此时，我们应该找孩子班里的同学打听一下，听听他们的说法。

区分"开玩笑"和"欺负",与判断性骚扰一样,要看听者的感受。如果听者不当回事,那这些话便是熟人间的玩笑,但若是听者感到受辱,并且已经用某种形式表示过拒绝,而说话的人还在继续说,那就可以判定这些话是性骚扰。同理,被开玩笑的孩子如果觉得可以一笑而过,那对方的行为可以被当成玩笑;如果被开玩笑的孩子觉得非常不适,那么即便开玩笑的孩子本来没有欺负人的念头,也应立即停下。若是他继续恶作剧或开玩笑,就可以被看作"欺负人"了。

有些孩子因为被同龄人恶作剧或欺负来找我咨询。听完孩子的讲述,如果我觉得孩子过于敏感,我会对孩子说:"你好像太敏感了,我们来做些训练,帮助你减轻不适,好吗?"然后我会明确地对一部分孩子的家长说:"你们需要去学校了解一下确切情况。"

有些家长一想到孩子内心遭受的痛苦,就想要帮孩子逃离这里,甚至想让孩子转学。我建议家长最好不要以转学来急着了结这件事。即使很难,也请帮助孩子坚强地面对,陪孩子一起解决问题。应该受惩罚的是施害者,而非受害者。

曾经,也有所谓的"施害者"来我这里咨询。面对其中的一些孩子,我会想"只是有些调皮捣蛋啊",但听了另一些孩子的所作所为，除了"恶毒"之外我找不到其他的词来形容。然而，这些孩子并不会觉得自己"恶毒"，这时我会向他们详细说明。当我问他们为什么要欺负别人时，大部分孩子会回答："啊，那个小兔崽子真的让人很不爽。"听完孩子的讲述后，我会说："是啊，那个孩子确实有让你心情不爽的地方，但这不意味着你有打他的权利呀。"孩子会问："那怎么办呢？"此时，我们需要明确地指出："你不喜欢他就直接告诉他，但打人是违法的，是你先越界了。"令人意外的是，听完这话，很多刚刚还张牙舞爪的孩子一瞬间把眼睛瞪得圆圆的，惊讶地喃喃道："是这样吗？"

我最心痛的是，在这个过程中，很多孩子逐渐不再愿意向父母吐露心声，这可能是因为他们觉得与同龄人相处是自己的私事，想独自解决问题，也可能是因为他们不想父母担心，甚至可能是因为他们害怕说了之后会遭到报复。

要想帮助孩子，我们平时就应该多告诉孩子："爸爸妈妈永远都站在你这边。"请经常对孩子说："宝贝，你知道的吧，爸爸妈妈永远都会保护你，支持你。"听了这样的话，即便不说话，孩子的内心也一定很受触动。想让孩子珍视自己，就要让孩子感受到，父母无论何时都会帮助他们，把他们的存在看得无比珍贵。

> 我不优秀 |
> 我没有什么擅长的

青春期的孩子常常令人费解,而有件事让父母特别难以理解:家庭条件也不差,父母也没有给孩子压力,但孩子总是很自卑。父母说,每天都能看到孩子对着镜子抱怨自己长得不好看。孩子为什么会这样呢?

> "我的成绩不是全校第一,我们家不是很有钱,我没有最新款的手机,长得也不像那些明星一样好看,个子不是很高,身材也不是很好,唱歌跳舞也不擅长。我为什么如此普通呢?"

有这样的表现说明孩子已经开始思考自己"是一个什么样的人"了,他们正通过外在条件形成对自我的感知。孩子总是对自己抱有消极看法,认为自己太胖,眼睛小,鼻子应该再挺一点,脸需要再瘦一点,腰上的赘肉太多,小腿太粗……这样的消极认知会让孩子陷入自卑。

我们还需要考虑一下孩子过分注重外表的根本原因,比如父母的教育态度。正如前文提到的,有些家长在孩子小时候就经常对比较矮的孩子说"多吃点才能长高,多睡觉才能长高,多运动才能长高"之类的话,像这样过分强调"身高",会对孩子的自身认知产生不利影响,使孩子长大后过分关注外表。不仅是身高,如果父母总是强调外表、身材等,孩子就会把这些置于其他自身价值之前。如果孩子有些超重,比起"你这么胖谁会喜欢你",我们更应该说"你有些超重了,这对健康不好哦,我们一起运动一下吧"。

孩子需要了解自身的内在价值和美好,我们需要教会他们用批判的视角看待外界的评价。请从孩子小时候开始，多给他讲一些受人尊敬的人物的故事：他们虽然相貌普通、学习成绩也不是最优秀的，但有一颗善良的心，他们做了很多好事，为社会创造了价值，获得了尊重和爱戴。这样的故事能帮助孩子形成健康的自我认知和价值观。

如果孩子已经陷入严重的外貌焦虑，父母要先试着体会孩子的心情。比如当孩子说"妈妈，我好像很胖"的时候，我们如果回答"不会呀，你很漂亮，比你胖的孩子多的是呢！人最重要的是心灵美"，其实对孩子一点作用都没有，"长大后就瘦了"，"上了大学就瘦了"，或是"有照镜子的时间不如多读点书"之类的话也是一样。请尽力体会孩子的心情并帮他制定目标吧。当孩子因为青春的苦恼烦闷不已时，帮助孩子减少烦恼，引导孩子与我们沟通交流才是对的。

人们总是说"loser"这个词，长得矮、长得胖、长得丑都会与"loser"扯上关系。各种比赛不停地排名次，优胜劣汰，让人尝尽失败的苦涩。上学的时候，老师也总是说"进不了前几名的话就别想考上好大学"，在这样的大环境下，孩子并不会因为我们的一句话而改变想法。

这时候父母最需要做的，就是努力体会孩子的苦恼，并找寻帮助他的方法。你只需要告诉孩子，你会无条件地爱他的存在本身。父母坚定的爱是孩子面对外部挑战时最坚硬的盾牌。

零花钱 | 我也有我的社交需求！

有个初二男生的父母接到了一通令人惊慌的电话。电话是警察打来的，说是男孩来金店卖金子，金店老板觉得怎么看都像是偷来的，于是报了警。等警察问完才知道，金子是孩子从家里拿的。父母问孩子为什么要这样做，孩子说："因为你们不给我零花钱。"父母觉得很无语,只能喃喃地说:"你要的话当然会给你了……"

许多家长会想:"小孩子要钱干吗呢?他需要什么想要什么,我们都会给买。"但是孩子确实是需要零花钱的,来听听孩子的心声吧:

"我也需要零花钱。别的同学在买炒年糕、米肠、鱼饼的时候,我只能羡慕地看着。有时候他们会分给我吃,那我也应该回请一次不是吗?期末考试后,我们要一起去游乐场玩,就像爸爸不能不去公司聚餐一样,我也不能不去啊。需要用钱的地方真的很多。没有钱的话,在朋友中显得多没面子啊!"

在与孩子沟通的过程中,我发现他们对零花钱的不满真的很多。孩子认为,没有零花钱使他们很难维护好和朋友的关系。此刻,孩子的心情宛如捉襟见肘的打工人,要吃饭、喝咖啡、充交通卡……如果一分钱都没有,那该多么窘迫啊!我认为,不论是为了孩子的社交,还是为了金钱教育,都请一定要给孩子零花钱。什么时候给好呢?我认为从小学开始给是合理的。

零花钱的数额也是个问题。父母带孩子来咨询这个问题时，我一般会帮他们定一个合适的数额。小学一年级的话，一天给3块钱，一周不要超过21元。有时候孩子会问："老师，我不能一次拿一个月的零花钱吗？"我会回答："你现在年纪太小，很难管好这么多钱。"通常来说，小学低年级的孩子一个月给50元左右，高年级的孩子一个月给100元（一周25元）左右是比较合理的。

但是零花钱里并不包括孩子每天要吃的零食和要用的文具，这些都是父母要买给孩子的必需品。我们可以对小学低年级的孩子说："你把两周的零花钱存起来，就有25元了，你可以用这些钱买你特别想要的东西。"零花钱就是让孩子随心所欲地去花的，只要不是买对身体健康有害的食物，或是用在不好的地方，我们就把花零花钱的自主权交给孩子吧。虽然有时候孩子可能会犯错，但这正好可以让孩子学会怎么花钱。此外，如果孩子六年如一日地收到同样数额的零花钱，他们也会心有不满。随着孩子升入更高的年级，我们应该根据家庭情况和孩子商议，逐步增加零花钱的数额。

有的孩子还会问："亲戚给的零花钱或是压岁钱怎么处理呢？"父母通常会把压岁钱存起来对孩子说："这是你的钱，爸妈先帮你存着。"如果孩子想用的话，就必须向父母要。我认为，如果孩子已经上小学了，可以把这笔钱的"一半"给孩子，如果数额比较大，可以在和孩子商议后给他"一部分"。如果是会理财的初、高中生，那把钱全给他也没什么问题。但总体而言，还是要根据自己家里的具体情况来决定。关键在于，要让孩子体会到这种得到"礼物"的喜悦。

只有提前约定好零花钱的数额，让孩子做好规划，才能培养孩子的金钱观。比如，孩子可能会想："这次中秋收到的 50 元，加上从爸爸妈妈那里得到的 50 元，再加上之前攒下来的 50 元，一共是 150 元，可以买乐高了！"我认为初中生的零花钱，一周给 50 元，一个月给 200 元左右是比较合理的，而手机话费、文具费、服装费、资料费、交通费等还是由父母来出，不过，手机话费需要规定好数额。高中生的话，一周给 100 元零花钱比较合适。

其实孩子最不喜欢的，是父母时不时地想要收回零花钱。当孩子一次把零花钱都花完，或是用零花钱买了父母觉得不好的东西时，父母就会想收回零花钱，而不做作业、玩游戏时间太长或是成绩下滑，都可能成为收回零花钱的理由。在我看来，这也不太合适。想让孩子学会好好花钱，必须先允许他们试错。只有犯了错误，孩子才能知道"这样花钱是不可以的"。如果不想让孩子乱花钱，父母就要在给孩子零花钱的时候说清楚:"不可以用在不好的地方,不要随便给别的小朋友,不要买垃圾食品吃。"家长要把所谓的"不好的地方"是什么说清楚,并举出三个左右自己绝对无法忍受的例子,其余的事就让孩子自行掌控。即便孩子在花钱的时候犯了错误,也一定要继续给孩子零花钱。

有的小学生一次把一个月的50元零花钱都花光了,又跟父母要,这时候应该怎么办呢?首先,我们应该和孩子好好谈谈,可以问问孩子:"你最后悔花掉的是哪笔钱?"孩子可能会回答:"和朋友一起去买玩具,那个玩具买得有点不值。"我们可以继续问:"是吗?那以后少买一点这样的东西好了,那个玩具多少钱?"孩子回答:"将近40元呢。"此时我们可以说:"你一共才有50元,花掉了近40元,现在没剩多少了呀。你有什么需要的东西吗?"如果是孩子真的需要的东西,即便孩子之前乱花钱,现在也请不要计较,痛痛快快买给他。

不过,在给孩子更多的零花钱之前,需要跟孩子讲好"条件"。"多给你这些钱,你能做些什么呢?"请注意不要让孩子觉得,我们多给零花钱是有交换条件的。

如果孩子犯了错误、成绩下滑或是沉迷游戏,家长可以给予一定的惩罚,但是,不要把取消零花钱当作惩罚的手段。我认识一位男士，他和妻子感情不和，只要自己心情不好就不给妻子生活费，但妻子每个月都有固定的支出，于是只能哀求丈夫："孩子该交学费了。""该交税了。"……这位男士并不缺钱，他只是想把钱当作"惩罚的工具"，借助钱来宣泄自己的不满。丈夫每次这样做时，妻子都会感受到巨大的耻辱，于是她产生了这样的想法："为了证明我不是你的附属品，我要出去赚钱！"后来，这位妻子把不满周岁的孩子送到托儿所，自己出去打工了。

零花钱的事也是一样的。如果孩子一做错什么父母就没收零花钱，孩子也会有一样的心情。孩子也和大人一样想要钱，如果我们用钱来控制他们，会伤害到他们的自尊心，令他们感到羞耻。

其实这样也很烦 ②

兴趣班

孩子为什么会烦呢？ ▶

很多父母听说报兴趣班有用，便每个周末都让孩子去上兴趣班，很多孩子因此而倍感压力。孩子觉得累了，便会哼哼唧唧地不想去，但父母觉得已经花了很多钱，所以即便孩子不感兴趣，也还是会不停地说"去试试看吧，体会一下，你会喜欢的"。如果孩子还是提不起兴趣，很多父母便会生气："你知道爸爸妈妈为了让你上这个兴趣班花了多少钱吗？"孩子听了会觉得很无奈，而有些孩子为了更有力地反抗父母，会开始号啕大哭。

应该怎么处理呢？ ▶

在这种情况下，父母应该给予孩子现实性的教导。父母可以问问孩子："累了吗？现在想回家吗？"如果孩子回答"是"，我们就可以说："那我们就先回去。下次还有机会。"比起兴趣班，孩子才是更重要的，而孩子也会由此明白："这个问题可以被妥善地解决，爸爸妈妈不会因此发脾气。"孩子能从中学会，即便不耍赖，也能消除自己不愉快的情绪。

零花钱记账本

孩子为什么会烦呢？▶

孩子对零花钱记账本的态度是："我嫌烦，不想写，要是非让我写，我宁可不要零花钱了。"父母觉得记账能帮助孩子养成良好的金钱观，但孩子却觉得，为什么自己每花一笔钱，父母都要过问。这感觉有点像丈夫要求妻子把自己给的生活费列一个支出明细清单。

应该怎么处理呢？▶

我认为，如果孩子自己需要，那自然可以写零花钱记账本，可这不应该是父母强制要求的。就算孩子要记，也没必要记得过于详细，归根结底，要按照孩子的需要记，并让孩子自己审查。更好的办法是问问孩子最后悔的一项支出是什么，并借机教育孩子。

被追着问长大后的理想

孩子为什么会烦呢？▶

未来的不确定性和模糊性，让很多孩子感到迷茫不安，他们自己也不知道未来会是什么样子，而大人却一直问个不停，这会让他们感受到巨大的压力。很多比较早熟的孩子会为此倍感焦虑。我问一个初二的孩子："你不是说想当飞行员吗？"他却回答我："不行啊，我这个成绩绝对当不了飞行员的。"很多孩子觉得想做医生或是律师必须得考全校第一，于是便放弃了。当孩子被问到未来的理想时，他们不得不正视自己的不优秀，因而变得沮丧。对这样的孩子来说，询问未来的理想，就好比长辈在过节的时候问不结婚的晚辈"你怎么还不结婚啊"，令人感到难堪。而且，孩子很讨厌大人一闲下来就问自己的理想，在孩子心里，未来要做什么是一个很严肃的问题，需要好好思考。

应该怎么处理呢？▶

在孩子心里，"未来的理想"就等于"职业"，在被问到的时候，他们经常回答"公务员"、"公司职员"或是"老师"。所以，比起问"你将来想做什么"，不如问问孩子"你做什么的时候感到幸福"或是"你觉得自己能把什么事做好"。如果实在想和孩子探讨"长大后想做什么"，那么请以人生"前辈"的姿态，真挚地倾听孩子的诉说，给予建议，引导孩子积极地向着自己的梦想前进。如果做不到，那家长还不如不问。

过节

孩子为什么会烦呢？▶

首先，过节是很累的，孩子需要去很远的地方，还要和很多亲戚一起吃饭。当亲戚们聚在一起时，如果孩子是家里的老大，那不管弟弟妹妹做了什么，大人们都会批评最大的孩子，这会让孩子觉得很烦。另外，妈妈把压岁钱拿走也会让孩子不爽。不过，最让孩子烦恼的还是爸爸妈妈发脾气。爸爸一边开车，一边因为堵车而破口大骂，而妈妈则会因为在婆家受了委屈和爸爸吵架。

应该怎么处理呢？▶

以前，由于物资匮乏，只有逢年过节的时候可以饱餐一顿，所以人们愿意暂时忍受过节时的各种麻烦。但现在的孩子并没有饿过肚子，所以也感受不到过节的这种好处。节是不能不过的，我们要好好跟孩子讲清楚节日的意义，并好好安慰孩子，帮他们减少过节时的不愉快。其实孩子在收到压岁钱或是能玩游戏机的时候，是可以忍受过节的不愉快的，最大的问题是父母给孩子带来的压力。正如本章中所讲的，父母要记得把压岁钱的"一部分"给孩子，另外，爸爸在开车的时候要尽量忍住不骂人，而妈妈从婆家回来后也要尽量忍住不抱怨，避免给孩子带来压力。

Chapter 3

压力巨大的
学校生活

> 孩子的立场

关系复杂，
规则死板，
学习痛苦

请回忆一下我们的学生时代。那时候你喜欢上学还是讨厌上学？喜欢和讨厌的理由又分别是什么呢？要是喜欢上学，那你一定在学校里交了很多好朋友吧，要么就是得到了大家的认可，或者是在学校过得很快乐。和老师关系好，能够舒舒服服地聊天甚至开玩笑，应该也会成为喜欢上学的理由。如果学校里有位老师特别喜欢你，或是你特别尊重爱戴某位老师，你应该也会想去上学。如果你擅长语文、数学、英语、历史、体育、美术、写作、舞蹈、声乐等任何一门课程，获得了老师和同学们的欣赏，应该也会喜欢上学。有的孩子和同学们玩得很开心，也会觉得上学很有趣，还有的孩子即便成绩不好，但由于喜欢学校的食堂，也挺喜欢上学。

如果找不出一个喜欢上学的理由，孩子就会觉得上学很痛苦。被老师当作"问题儿童"的孩子，与老师、同学关系都不好的孩子，被无视的孩子，都不会喜欢上学。有些小学低年级的孩子很挑食，觉得在学校被迫把饭吃光是在遭罪。有些孩子没有一起玩的好朋友，或是和同学们一起玩的时候并不开心，因此也不喜欢上学。还有些孩子觉得学习特别困难，也不会享受校园生活。

学校是集体生活的地方，因此，孩子需要建立并维护人际关系，而这比想象中要难得多。孩子解决问题的能力还不够，难免会与人产生很多争执，并因此感到痛苦。

学校里处处都是管理孩子的"规矩"，大部分"规矩"是孩子不喜欢的，因此，自控力不足的孩子尤其不喜欢上学。有的孩子甚至会把这些规矩当成对自己的过分控制，感到痛苦不堪。但是同样是过集体生活，孩子不觉得上补习班像待在学校那么痛苦，这是因为孩子可以自己选择去不去补习班、去哪个补习班。比起学校，孩子在补习班有更大的决定权和主导权。

当孩子想要逃离学校时，家长应该怎么应对呢？我们首先需要了解，是学校里的什么事使得孩子如此烦恼，并弄清楚孩子需要什么帮助。

当孩子因为在学校压力过大想要辍学时，家长要把握住的基本原则是"孩子比学校重要"。如果孩子非常痛苦，那么最重要的事就是先让孩子摆脱痛苦。但是，如果孩子以升学考试或自我提升等为理由辍学，我们就一定要看看孩子是否有其他苦衷。可能还有父母没有注意到的问题，如果不找到并解决，那么，即使孩子以后上了大学，步入了社会，也会很难适应。

早晨起床 ｜
我不是故意的，
我发誓我是想早起的

孩子开始上学后，导致亲子关系恶化的"罪魁祸首"就是"早晨起床"。当孩子处于婴幼儿时期时，父母认为自己最重要的任务是把孩子喂养好，而孩子入学后，父母认为最重要的任务是送孩子上学，绝不让他迟到。如果孩子经常迟到，老师会打电话给家长，以一种指责的口吻说："×××妈妈，注意不要让孩子总迟到。"外人也会对父母有不好的评价。有些孩子简直是家长的"死对头"：小时候"死"也不吃饭，让父母操心，上学后又"死"也不起床。那么，不想起床的孩子，不对，起不来床的孩子又是怎么想的呢？

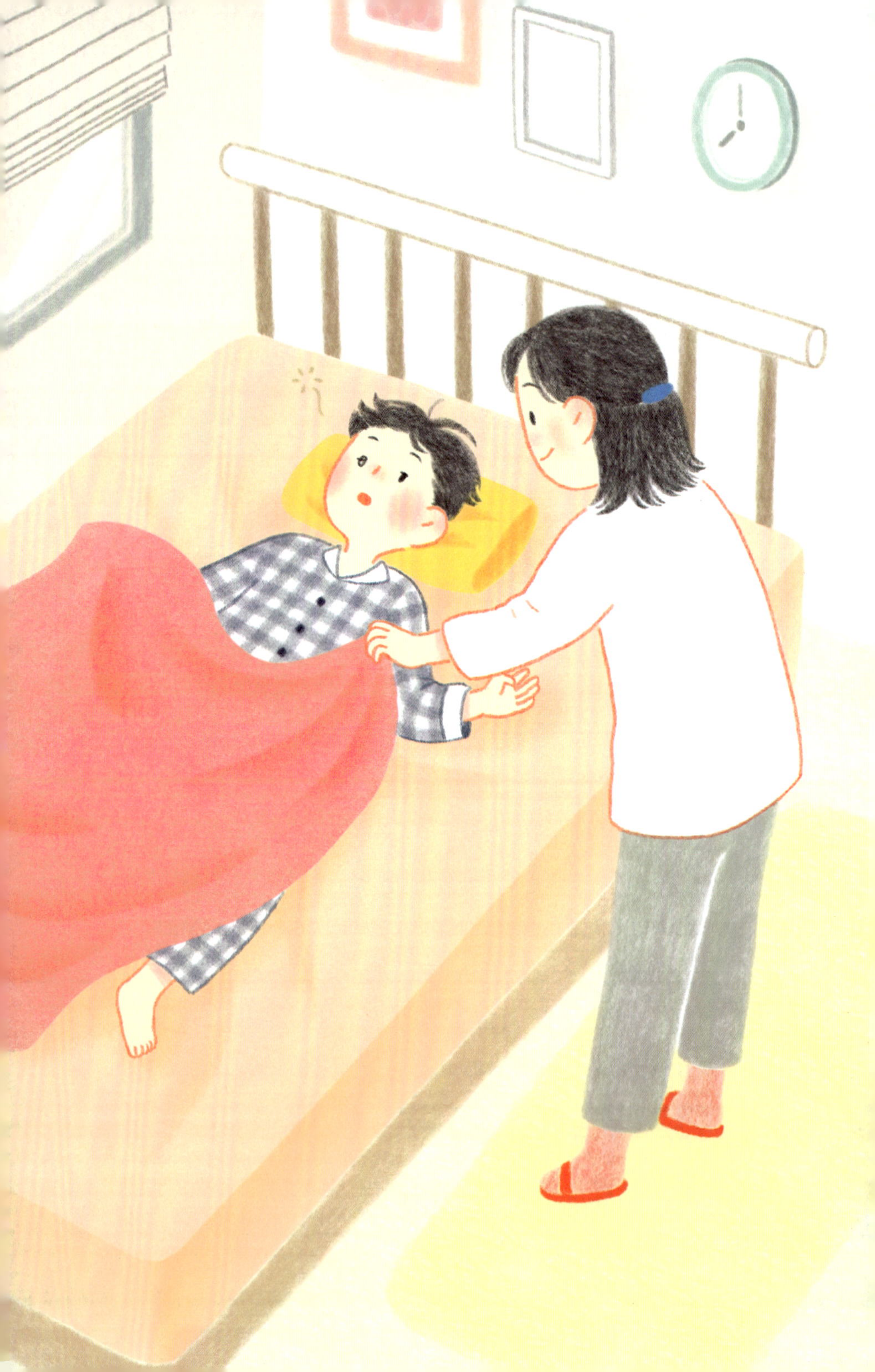

"今天又要迟到了吗？妈妈，你真的是提前一小时叫我起床的吗？你说我是因为昨天熬夜玩游戏才起不来床的吗？不是的哦，我很早就睡了呢。但是不管多早睡，早晨还是很难起床。真烦啊，看来这周又要被罚站了，起不来床迟到，我比妈妈更烦躁。去了学校就要被老师批评，还要扣分。我对天发誓我也想要早起，我真的不是故意惹妈妈生气的。"

赖床的孩子其实比父母更加痛苦。孩子一睁开眼就听到父母心烦意乱地喊着"起床啦，起床啦"，会倍感压力。有些父母叫孩子起床时会连拍带打，甚至会骂孩子，孩子睡眼蒙眬时可能记不清被骂了什么，但他们会记得每天早晨妈妈叫自己起床时烦躁的样子。"明明该烦躁的人是我啊，怎么妈妈还要发脾气？我更不爽了。"

孩子从起床开始到去学校，每一步都走得步履维艰，他们甚至会产生"就不能不去学校吗"的想法，而且总是叹气。他们讨厌被在校门口查岗的老师批评，也讨厌被扣分、被罚站。"唉，不过是迟到了5分钟、10分钟而已，就不能放我一马吗？"同学们也不喜欢经常迟到、旷课的孩子，大家都会觉得这样的孩子很不自律。

在来咨询的孩子中，有一个孩子总是因为迟到被罚站。我问他："你早起 5 分钟就够了，但因为你很难做到，所以才老是被罚站，你为什么总是迟到呢？"孩子回答说："吴院长，我也知道，但我就是做不到。"孩子表示自己也很烦，也很想改正这个缺点，但就是改不了，自己简直要疯了。总是赖床迟到的孩子的家长会想："我得叫他起床到什么时候啊？他都几岁了还不能管好自己，真是愁死人了。这个孩子能顺利长大吗？"父母内心充满忧虑：担心孩子迟到被扣分，担忧孩子的未来，觉得自己不是合格的家长，担心老师打电话来，发愁明天要如何叫孩子起床，等等。

更气人的是，孩子明明早晨起不来，晚上却还熬夜不睡觉，而且还不是为了学习，而是用手机和朋友聊天或是看短视频。就算父母催了好几次，孩子也还是会躲在被窝里玩手机。更奇怪的是，这些平时的"起床困难户"在休息日却能破天荒地起个大早。这样一来，父母便会错误地认为孩子其实可以早起，平时是故意赖床。

我们需要从各个方面理解孩子早晨赖床的行为——哼哼唧唧闹着不起的孩子都有自己的苦衷。这些孩子大多是大脑无法快速清醒的类型。即使闹钟响了 30 分钟，他们也只听到了最后 5 分钟的铃声，前 25 分钟的闹铃他们很可能根本就没听见。因此，即便父母说叫了一个小时，孩子也很可能只在最后 5 分钟听到了。对于这样的孩子，只发出声音叫他们是没用的，要想唤醒他们的大脑，得用其他的办法。

第一种方法是摇醒。或者，父母可以在孩子起床前做一些他喜欢吃的小菜放在餐桌上，等孩子坐下后喂他吃几口，孩子即便很困也会开始咀嚼，然后就会清醒了。这样的孩子得活动起来，大脑才会清醒。

第二种方法是让孩子在睡梦中接触一些凉的东西。可以把凉的湿毛巾放在孩子的脸上。

除此之外，拉开窗帘让阳光进入房间，打开门让凉风吹进来也是好办法。不管用什么办法叫醒孩子，都一定要和孩子好好商量，认真地谈谈父母觉得哪里有困难，孩子因为什么倍感压力。只要孩子也想改正这个缺点，家长就可以和孩子一起寻找最好的解决办法，孩子也会因此变得愿意配合。令人意外的是，孩子自己会提很多建议，让父母用这样或那样的方式叫醒自己。刚刚说的凉毛巾法，就是来咨询的一个孩子自己的提议。

有的孩子早晨起来在洗手间里磨蹭一个多小时，因为他们在马桶上又犯困了。在这种情况下，比起指责孩子"你什么时候能自觉……"或是"都是因为你……"，我们更需要和孩子好好聊聊。父母最好选一个合适的时机，一边和孩子聊天，一边告诉孩子解决问题的具体办法。我通常会这样和孩子开启对话："我知道你不是故意这样的，也不是因为懒才这样，是因为大脑的指令就是这样。但是，这个问题如果不解决，你会非常苦恼，你和爸爸妈妈天天都会因此争吵，对吗？"孩子一般会回答："是啊。"然后我会这样建议："以后你可以试试，进洗手间后先不要坐在马桶上，先去洗把脸，看看会不会就没那么困了。"

那么，孩子为什么能在休息日早起呢？这是因为他们有很强的动力或意愿，此时大脑会被激活，人就会快速清醒过来。我一般会对孩子说："如果你也觉得早晨起不来床是个大问题，这个问题就会改善很多。"如果孩子真的觉得问题严重，那他前一天晚上就会下定决心："明天我一定要早起。"他睡前会确认闹钟，并且第二天一定能听见闹钟响。休息日的时候，孩子在睡前会想："明天要去看电影，要是迟到了会被朋友骂的……"于是第二天就能早早起床。强烈的动力和意愿才是最重要的。孩子不仅会对自己喜欢的或是有趣的事情充满强烈的动力和意愿，对于那些自己要改正的问题，也会产生问题意识，督促自己改正。如果我们希望孩子自己意识到赖床是个大问题，就需要和孩子真挚地谈一谈。

很多赖床的孩子都有自己固定的起床时间，就算父母 7:00 开始叫，他们也总是 7:50 才起床。孩子 8:30 上学，他会认为 7:50 起床就够了。但是，起床后如果还要洗澡、吹头发，吃饭的时间就不够了，父母想让孩子吃早饭，于是从 7:00 或是 7:30 就开始叫孩子起床，只是孩子绝对不会起来，因为他们已经在脑子里设定好了 7:50 起床的"闹钟"。这些孩子就算提前起来了，也会拖到 7:50 再慢吞吞地开始活动。此时，父母需要和孩子认真地谈一谈，约定好起床的时间。如果孩子坚持说"我觉得 7:50 起床就够了"，那下次父母 7:50 再叫孩子就可以，在孩子说的时间叫他，孩子会起来的。

如果在孩子自己指定的时间叫他起床，孩子依然赖床不起，那就需要教他们对自己的行为负责了。但是，父母不应该怀着"你也尝尝苦头吧"的心态。我们可以试着真挚地说："妈妈已经尽全力了，妈妈不希望每次叫你起床都要骂你或是和你发脾气，那样妈妈的心情也不好。但是只要你让妈妈叫你起床，妈妈一定能做到。"如果孩子说："那请 7:50 叫我吧。"我们可以说："好的，但是妈妈只摇你三次叫你起床，如果你还是不起，妈妈就不再叫你了，这样对我们都好。"商量好后，如果孩子还是赖床，就不要再叫他了。

其实迟到是孩子和老师需要解决的问题。如果孩子做错了，那他理应受些扣分之类的惩罚。在这件事上，家长是"局外人"，但家长却为此烦恼不已，并且试图把全部责任都揽到自己身上。请不要这样。我们只需要做父母该做的，其他的就不要再费心了。不管孩子是被老师批评，还是被扣分，或是被罚站，这都是孩子该承受的惩罚。坦诚地跟孩子沟通好，如果孩子需要我们的帮助就尽全力帮他，如果不需要就不要管了，这样也能帮助孩子培养责任意识，让孩子成长为更加自律、更加独立的大人。

班主任 |
和我太不合拍了，我不想去上学

一般来说，初、高中生不太容易受到班主任的影响。如果班主任所教的科目不是主科，孩子基本只会在早自习或者班会时见到老师，即便孩子在班主任那里感受到了压力，只要能向朋友倾诉，压力也就减轻，但是，小学生就很容易因为班主任的个人偏好感觉有压力，因为他们几乎一整天都和班主任待在一起。若是孩子由于与老师不合经常被针对，那他一学期都可能会过得非常痛苦。有很多前来咨询的小学生甚至由于与老师关系不合不想去上学，有个孩子是这样想的：

"我们老师太苛刻了，什么东西掉在地上都要训我，我坐姿不正也要训我。因为怕扬尘，即便是课间休息，他也让我们静静坐着。和同学说几句话，他也会嫌我们吵。啊，我和老师真的太不合拍了，妈妈，我想转学。"

有的老师太爱干净，便制定班规，不允许孩子往教室地上丢东西，甚至不允许把橡皮屑掉在地板上。有的老师对声音比较敏感，不喜欢孩子在教室里聊天，于是在课间休息时也不许孩子说话，甚至要求孩子在去洗手间的时候也轻手轻脚。有的老师很重视饮食，如果看到孩子没有把碗里的饭都吃完，就会拼命逼着孩子吃光，有的孩子因此而讨厌上学、讨厌老师。

如果老师非常积极活跃甚至争强好胜，孩子也会很辛苦。这样的老师会要求自己班的孩子在各方面都胜过其他班。他们会要求自己班的环境比其他班整洁，大扫除比其他班干净，学习成绩比其他班优秀。这种性格的老师在体育课上发球都不会直接发，而是让孩子竞争，比比"谁跑得更快，谁能先抢到球"。在小组学习活动时，这样的老师也会奖励完成任务最快的小组。过于激烈的竞争会让性格慢吞吞的孩子无立足之地。适应老师这种性格的孩子会很喜欢上学，但慢性子的孩子会很辛苦，甚至被其他同学嫌弃。反之，如果老师的性格过于沉稳安静，那班里性子急、爱出风头的孩子就会被讨厌。人人都有自己的个性，老师也不例外，但如果老师的性格过于鲜明，与老师性格不同的孩子就会很辛苦。

当孩子因与老师不合拍而感到苦恼时，家长应该怎么办呢？请直接去找老师好好地聊一聊。父母应该向老师表现出自己对孩子的爱和想把孩子教育好的真心，可以这样对老师说："我知道我们家孩子有很多问题，也知道老师您的辛苦，真的很抱歉。现在，我们正努力接受专业的帮助，想把孩子教育好。老师，请您一定要帮帮我们。"如果家长上来就指责老师"你怎么对我们家孩子这样啊"，反而会让事情变得更加复杂。

有时候，孩子和绝大多数老师能好好相处，唯独和某位老师事事起冲突。在这种情况下，家长需要先找到老师问清楚情况："老师，您教育我们孩子的时候有什么困难吗？"如果老师回答"没有"，我们可以说："我家孩子在性格上的确有这种特点，实在是不好意思，您可以试试看这样做……"请注意拜托的语气，不要让人听起来像是在批评指正。举个例子，有的孩子对声音十分敏感，我们就可以这样对老师说："我家孩子对声音太敏感了，如果咣的一声敲他的桌子，他会被吓到的。您了解这一点我们就放心了。"家长也可以补充说，自己很尊重老师的教育理念，但是孩子真的因此感到苦恼，请老师多理解。

当孩子因与班主任不合感到有压力时，这样说或许会有帮助："要是老师只针对你一个人、欺负你一个人那绝对不行，但是现在并不是这样,老师只是性格与你不合,你也可以借此机会学会与不同的人相处。妈妈会去请求老师的体谅,但是你也长大了,不能总让别人照顾你、体谅你,你也需要理解别人,学会换位思考。"

请让孩子养成习惯,把与老师相处中的不愉快告诉父母。小学生独自解决问题的能力不足,经常吐露心声是有好处的。如果孩子说"我很讨厌听见老师的声音",我们就可以问:"老师嗓门儿太大了吗?"如果孩子回答"他每天都扯着嗓子喊",我们可以先认可孩子的感受,说:"啊,这样你会很难受吧。"经常像这样与孩子好好聊聊,孩子逐渐会对老师的大嗓门儿不那么敏感,因为当一个人经常重复谈及某个问题时,他会逐渐做好心理准备,接受该问题的存在,也会思考该怎么应对这个问题。

> 校规｜
> 没法让我服从，
> 所以气急败坏了吗？

学校有统一适用于所有学生的校规。这些规定可能有不合理之处，但大多数孩子能接受并遵守。然而，也有孩子抵触学校的规章制度。这些孩子是怎么想的呢？

"在校服里穿件白色高领衫天会塌吗？留长发会影响英语听力成绩吗？化妆会让脑子里的数学公式消失吗？抽烟的就都是流氓吗？为什么这样呢？为什么我不服从就要这样气急败坏呢？唉，烦死了，我不会屈服的。"

孩子之所以会这样想，有两种原因。第一，孩子对外界输

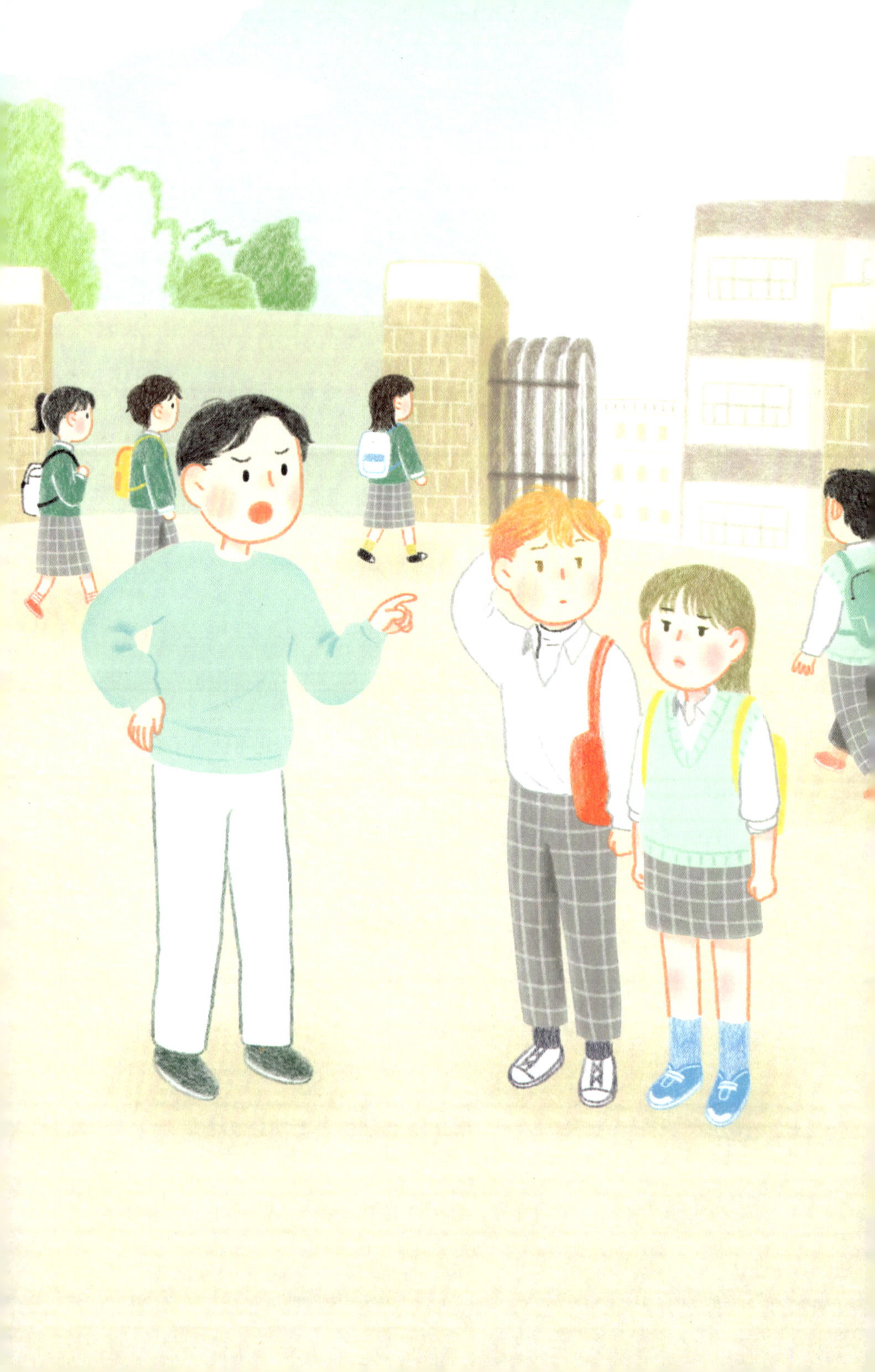

入的信息和刺激反应过于激烈。他们对老师所说的"你们不能这样穿衣服"反应过激，把这句话当成了一种攻击，觉得刺耳，自尊心受到了伤害。第二，孩子和家长，尤其是和爸爸关系不好，家里经常爆发争吵。对孩子来说，爸爸是心理上"权威"的象征。当爸爸过度强迫孩子或者对孩子施压时，孩子往往会想要反抗世界上所有的权威者。学校里的主任、年级组长、班主任也是孩子眼里的权威者，当他们禁止孩子的某种行为时，亲子关系中未曾解决的矛盾和冲突就再次上演了。

如果规则不是自己制定的，或是对自己没那么有利，孩子就会给遵循规则这件事赋予很多心理意义。他们会觉得遵守这些规则像是屈服了，制定这些规则的人会用规则来压迫自己，于是，在反抗规则时，他们会感觉很痛快。这是奇妙的自尊心在作怪。有这种心理的孩子大多容易生气，听别人稍微说点什么就会发火。

社会规则不一定是正确的，但由于它是许多人长期经验的总结，人们习惯性地认为这是正确的。许多人都相信并认可这些规则，所以他们遵守规则，从不反抗。他们认为这样做是安全的，并受到保护。而不爱遵守规则的孩子还没有形成这样的基本概念。

我们这个社会有很多这样的规则，从小事到大事。在某种程度上，不能在校服里面穿高领衣服只是规则中的小事。正如孩子所说的，在校服里面穿高领衣服并不会带来什么严重的后果。在我上学的时候，女生的头发长度要保持在耳根下面 1 厘米之内，但这不意味着如果长度是 3 厘米就会出什么大问题。其实，孩子的话没有错，可孩子忽略了，正是这些由社会或国家制定的基本制度和规则在不知不觉地保护着他们。

例如，"红灯停，绿灯行"是每个人都要遵守的交通规则。试想一下，如果有人打破了这个规则，会发生什么事呢？这些孩子不知道，通过遵守那些许多人相信并认为应该遵守的基本规则，他们得到了多少保护。为了让孩子自然地接受这些基本规则，家长必须从孩子很小的时候起就训练他们遵守各种微小的规则。大人通常只会逼着孩子遵守规则，却从不解释为什么。其实，即使是对那些处于所谓"叛逆期"的初、高中生，如果家长能解释一下原因，大多数孩子也会接受。

我会这样引导孩子："当人们过马路的时候，汽车应该停下来礼让行人吗？"如果孩子回答"是"，我会接着说："那如果有人说：'你让我停下我就停下？凭什么？'你还敢安心地过马路吗？校规正是要帮你练习去心情愉悦地遵守那些长期以来人们认为是对的且需要遵守的规则。"孩子也许会争辩说：

"这两件事怎么会一样！"不过，他们虽然嘴上这么说，接受规则的态度却会发生很大的变化。

有些事情我们必须反抗，比如违背道义或是欺凌弱者这样的事，有时，我们也会为了自身的发展而反抗。但是这个年纪的小孩子，很多时候只是单纯地为了反抗而反抗。最让我担心的是，孩子在反抗中消耗了太多精力，以至于没有精力去提升自我。家长在教育孩子时要时刻牢记这一点：我们需要想办法，让孩子在不会极度抗拒的情况下，舒适地接受规则。

我们需要向孩子传达这样的信息，即规则是为了保护而非伤害他们，在他们没形成自控力时，必须接受一些来自外界的规则。请注意，我们不要以控制者或者监管者的语气，而要以保护者的语气把这些话讲出来。

> 学习 |
> 是想学就能学好的吗?
> 既然已经这样了,
> 不如破罐子破摔

有个初中二年级的男孩子在考试前夕来我这里咨询。考试在即,孩子却根本不复习,父母非常担忧,孩子还变本加厉,嚷嚷着说不参加这次考试了。孩子说:"吴院长,如果能保证学习越努力,分数就越高,我哪怕少睡点觉,一天只睡 3 个小时也会努力学习。但没有这样的事呀,反正已经没希望了,尝试过了根本没用。"因为要复习的内容多、考试时紧张而感到压力很大，这是正常的。大部分孩子因此倍感痛苦，但同时也能积极地面对："还能怎么办呢，努力学呗。"对他们来说，学习和考试带来的压力能够提高效率和成绩。但也有很多像这个男孩一样完全放弃学习的孩子。这些孩子是什么心态呢？

> "其实，我这次很想考好，所以做了周密的计划，从一个月前就开始复习了。但还没坚持一周，我的计划就出问题了。说到底，这次考试已经没戏了，即使我从现在开始复习，也一定不会取得好成绩的。如果成绩不好，爸爸妈妈该有多失望啊？我得多伤自尊啊？那样的话，还不如干脆就不参加这次考试呢。"

这些嘴上说着不学习、就算学习也没用的孩子，其实内心是非常想取得好成绩的。但是，他们在还没开始复习、考试还未开始时，就提前对结果做出了消极的预测："怎么可能考好呢？""即使努力，分数也不会提高的，我们学校出的题太难了。""××同学学习学到流鼻血了，也才考了60多分。"他们总是抱着这样负面的想法，并因此放弃了努力。

由于没有付出努力，且不提结果如何，他们错失了在努力的过程中能收获的东西——自身的实力会逐渐增强，会逐渐掌握学习的要领，培养出耐力和韧性。若是不经历中间的步骤和努力的过程，结果一定不尽如人意。当没有得到好结果时，他们又会觉得自己的预测是正确的。

这些孩子内心是想考好的，在设定目标的时候就把目标定得非常高。他们想要一雪前耻，总是想着"这次必须考好"。为此，他们制订了系统的计划，但由于计划排得太满太密，他们很难完全按计划学习。他们甚至会把除了睡觉和上厕所以外的时间都安排成学习的时间，计划太不切合实际，这也是孩子放弃的原因之一。他们不知道自己在一个小时内能做多少英语题，野心勃勃地制订了过于密集的计划，结果在刚开始的一两天内还能执行计划，后来就做不到了。然后，他们就会想"反正这次已经没戏了"，进而干脆放弃努力。但是放弃之后，他们的心里也不好受。由于会一直想着"还是应该好好学习的"，他们即使玩也玩不尽兴，哪怕是在看电影、打游戏的时候也会不自觉地瞥一眼书桌。最终，他们会比好好学习的孩子心理压力更大。

其实，若是试了几次都不成功，就该从现实的角度修改计划。但是，孩子却总是遵循"破罐子破摔法则"。这是我根据这一时期孩子的行为造出来的词。在"破罐子破摔法则"下，孩子会做出与正常人相反的举动，比如考试在即却疯狂打游戏、看电影、看漫画，甚至看以前从来不看的网剧。

问题出在哪里呢？孩子没有认识到，学习最重要的不是结果，而是在努力过程中的进步和成长，以及努力后培养出的耐力和克服困难的勇气。即便是学习能力强的孩子、取得过好成绩的孩子，也很容易因为太想考好而放弃。对于这样的孩子，父母有绝对不能说的话和绝对不能做的事。其一，不要对孩子说："爸爸妈妈没有那么看重你这次考试的成绩，就算考得不好，爸爸妈妈也不会生气。"这样的父母很理解孩子，是因为知道孩子承受了太多考试和学习的压力，想要让孩子放松一些才这么说。但是，这些孩子并不愿意听到这样的话，他们本身是想要考好的，听到父母这样说，会产生"你们无所谓，但我不是这样"的想法。

其二，"只要努力，你还是能考好的"这句话也没什么帮助。孩子听了可能会想："反正已经不可能考好了，还努力个什么劲啊？"有的孩子甚至会想："爸爸妈妈对我抱有很大的期望，我如果表现出很努力的样子，他们得多期待啊？如果我考砸了，他们一定会失望吧。干脆就不要表现出努力的样子，这样他们没有期望也就不会失望了。"因此，像"现在努力也不晚，你只要下定决心，也是能做好的，你能考第一名"之类的话并不能鼓励孩子，反而会让孩子丧失勇气。最重要的是，家长千万不要说"要学就好好学，不愿意学就别学"。类似的话会让孩子心里"不是100就是0"的极端想法更强烈。制定很高的目标并为此拼命学习对这些孩子来说就是"100",万一中途发生什么变数,哪怕只是有一丁点失误,孩子也会觉得一切努力都白费了(变为"0")。他们会想:"唉,既然已经这样了,还挣扎什么,干脆躺平吧!"

家长说这样的话,是把重心放在了学习的"结果"上,这会让本来就很重视结果的孩子反应更加激烈。就像对上次考了 75 分的孩子说"这次能考到 80 分吗",把分数或名次等可见的结果挂在嘴边强调,只会加重孩子因学习和考试产生的压力。对于这样的孩子,我们应该说清楚,学习的目的不是考出很高的分数或者取得靠前的名次。我们可以这样说:"你尽自己最大的努力去学习,这才是最重要的。有时候,即便你尽了全力,结果可能也不尽如人意,这都是人生的常态。你只要在自己的能力范围内努力就好了,即便结果不理想也没有关系。考全校第一的同学也不是每次都考第一、门门科目都能考满分呀。重要的是你在学习的过程中收获的东西。"

对于那些一考试就不想去学校的孩子,我们可以说:"这次考试你的目标是不逃避,而不是取得不错的分数。"

我的孩子上初中时,我曾去做过一天代班老师,当时我问班里的孩子:"你们觉得为什么要学习呢?"孩子的回答五花八门:"为了有个美好未来""为了实现理想""为了赚大钱""为了考上好大学"等等。这些应该都是孩子听父母说的。我认为,虽然这些话都有一定的合理性,但学习的首要目的应该是个人的成长。得到智慧和培养忍耐力也是学习的目的。但比起取得好成绩和名次,更重要的是在解答一道题时即便觉得很难,也坚持解到最后,直到找出答案的过程。在这个过程中,孩子将学会拼尽全力,锻炼出对枯燥乏味过程的忍耐力。那天我对孩子们就是这样解释的。

在下课前,我说了这样的话:"我上学的时候数学成绩很好,但现在都已经忘干净啦。我做你们的数学卷子,可能连50分都考不到。但是,在当时学习数学的过程中,我锻炼了自己的逻辑思维能力和系统化思维能力,这些能力现在还在发挥作用。你们总是在意考了多少分、有没有解出来某道题,但其实在学习中,最重要的不是这些结果,而是过程。因此,即便现在成绩是倒数第一也没关系,请试着好好解一道题吧。只要有这个心态,我们都能学好的。"

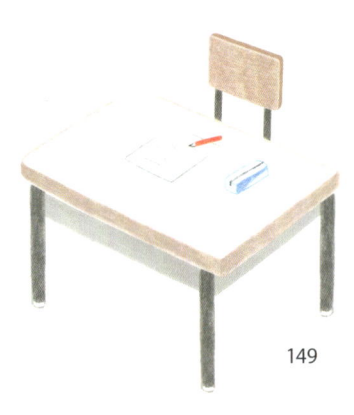

> **集体受罚 |**
> 我并没有犯错，
> 为什么要罚我呢？

班级里的一个孩子犯了错误，全班同学都因此受罚。虽然会感到委屈，但大多数孩子都会默默接受。有个孩子却突然站起来问道："我又没有犯错，凭什么要连我一起罚呢？"孩子说的并没有错，从孩子的角度来看，自己没错，却跟着一起受罚，没有比"连坐"更令人委屈的事情了。在这种情况下，孩子的心情是怎样的呢？

"我又没错，凭什么要一起受罚啊？我质疑老师，却显得是我自私地想要独自逃脱惩罚一样，上回我犯错的时候，老师就只罚了我一个人啊，这是不是对我太不公平了？"

因为不公平而感到委屈，这是完全可以理解的。但是很遗憾，这世上并没有绝对的公平。事事都要争辩"这不对""这不公平""这不平等""我很委屈"的孩子，相较于他所处的年龄段来说，多少有点以自我为中心。这里说的"以自我为中心"指的是，当自己感觉不爽时，不考虑其他人的感受，非要把自己的意见表达出来。

追求公平没有错，"公平"是我们应该坚持的方向。但人生在世，有些事是很难完全公平的，我们要考虑多方面因素，结合具体状况分析判断。如果孩子已经到了能够"具体情况具体分析"的年纪，却依然过分地执着于公平与否，我想这可能与家长偏心或是家长的教育理念前后不一致有关。孩子小时候受到的差别对待越多，就越会主张公平性，总是担心自己受到伤害，思考问题时也就缺少了灵活性。

这样的孩子不论什么事都想用尺子精确地丈量，这样一来，孩子就很难跳出自己的思维框架，考虑别人的立场，或是体谅他人，做出让步。比如，当孩子需要和弟弟妹妹分蛋糕吃时，如果弟弟妹妹更想吃，家长会让孩子把自己的那块分一点给弟弟妹妹。懂得关怀别人的孩子不会因此感到委屈，但是过于重视"公平"的孩子会因为属于自己的那份减少感到受伤。他们在任何情况下都会先考虑公平性,会比其他孩子更容易在学校生活中受到伤害。

我会这样开导那些由于集体受罚感到委屈的孩子:"集体受罚并不是特别有效,因为这可能会让犯错误的同学被大家讨厌。但是,或许老师觉得那名同学会由于愧疚做得更好,或许老师想借此培养你们的集体意识。老师这样做究竟对你们班的全体同学有没有教育意义呢?"大多数重视"公平"的孩子会说"老师大概是这样想的吧",并感觉自己内心的委屈被人理解了。

我还问过,在受到集体惩罚后,其他同学的反应如何。孩子回答:"虽然不情愿,但是大家都接受了。"我说:"那你为什么要发火呀?你没有错,但如果你这样发脾气,其他像你一样无辜的同学会再度受牵连的。我认为最好的办法是保持沉默,先让当前的状况结束,之后再悄悄去找老师,跟老师说'这不是解决问题的最好办法'。"

我认为,比起在集体受罚时站起来发声,事后去找老师好好聊聊会更有用,因为人在情绪激动的时候,是很难表达彼此的真正想法的。有的老师以为,站起来发声的孩子是由于不想受罚而顶嘴，这样一来问题就激化了。而事后去找老师的话，老师的情绪已经平复，也没有其他同学围观，老师会更容易听取孩子的建议。孩子去找老师前，应该在心里练习一遍要说的话。如果很难开口，发信息也是个不错的选择。

虽然现在让学生集体受罚的情况并不常见，但我还是希望老师在惩罚全体同学前，能思考下这样做是否具有教育意义。老师的本意是让犯错的人承担责任，结果却总是让其他孩子承担别人的错误：这样一来，孩子可能会难以辨别自己和他人的责任。

当孩子感到委屈时，请不要说"这有什么大不了的"，也最好不要说"你也考虑下别人吧，怎么能这样做呢"，这会让孩子更委屈。请充分体谅孩子的感受。我们可以说："你一定很委屈，心情很不好吧。"当孩子过于委屈、过分纠结于"公平性"的时候，请回忆一下孩子在长大的过程中，是不是有过很多由于受到不公平对待或者父母偏爱其他孩子而感到委屈的经历，也请反思一下自己的态度或是家里（包括外公外婆家、爷爷奶奶家）的氛围。

补习班 |
都是妈妈想让我报的

数学班

辩论班

英语班

科学班

现在的孩子要上很多补习班,他们对此有很多不满。家长觉得上补习班是帮助孩子提升成绩的最好途径,于是便把孩子送进各种补习班,完全不考虑孩子自己的意愿,只是让孩子无条件地听从安排。对此,孩子作何感想呢?

> "学什么课程，去哪个补习班，都是妈妈决定的，虽然有时妈妈会问我的意见，但最终还是要听妈妈的。妈妈永远觉得听她的最好，可要上补习班的是我，为什么不能让我自己决定呢？"

家长觉得，自己的安排是最适合孩子的，并想把他们认为"最好的"一切都给孩子。其实，这满足的是家长的需求。上补习班后，孩子成绩多半会有所提升，而家长迫不及待想要孩子取得好成绩，因此不想给孩子做决定、试错的机会。家长以这样的方式决定孩子要去的补习班，不论效果有多好，由于这不是孩子自己的选择，孩子也不会获得满足和自信。一切仿佛都是爸爸妈妈的功劳，上补习班使孩子充满了压力。孩子觉得，爸爸妈妈是在强迫自己，所以即便感觉自己的成绩有所提高，孩子也不想去上，总是迟到或逃课。

对青春期的孩子来说，不管这件事对自己有多大帮助，只要父母过度插手，他们就会因为自己没法做主而感到厌恶。其实不只是孩子，成年人也是一样：自己的事情自己无法选择或决定，而是要按照他人的意思去做，内心一定充满反感。实际上，孩子可能自己也会想上补习班，甚至会请求父母帮自己报补习班，家长过于着急替孩子做决定只会适得其反。

在给孩子报补习班的时候，不管孩子的成绩好不好，都要问问孩子本人的想法。请问问孩子："你可以自学英语吗？现在学校里学的东西够用吗？"如果孩子回答"不够"，你就可以说："看来得去补习班了，你有想报的补习班吗？"孩子可能会说："我想和朋友一起上一个补习班。"一般来说，家长完全可以同意孩子的请求。如果孩子没有特别想去的补习班，我们可以说："你去打听下你朋友上的补习班里，哪家评价比较好呀？妈妈也去打听打听。"然后要记得给孩子一两天去打听。有时候，孩子可能并没有打听，那家长就可以说："妈妈找了几个地方，你要从中选一家吗？还是妈妈再给你一天时间，你再去问问看？"如果孩子说"没事，就从妈妈找的几家里选一家吧"，那就按照孩子说的做；如果孩子还需要时间，就再等等他。家长需要把自己选的几家补习班各自的优劣跟孩子讲清楚，等孩子选好后送他去就可以了。家长在跟孩子介绍的时候，可以直接排除特别差的选项，另外，即便其中有家长特别满意的，也不要跟孩子过度强调。家长可以对孩子说："你去了之后如果不满意，随时告诉妈妈。"

如果孩子觉得自己可以在家学习，不需要去补习班，家长可以对孩子说："好的，接下来的一周就看看你的自学成果吧，能自己学固然很好，但是学习过程可能不会像你想的那么顺利。虽然你有想学好的心，但如果没找到好方法，成绩也不容易提高。到那时，我们会送你去补习班，找老师帮助一下。"这时候就不要给孩子太多尝试的时间了，一周比较合理。一周后，如果孩子的自学成果不理想，不要说"你看，我就知道会这样"，可以问孩子："妈妈觉得你自己学遇到了一点瓶颈，要不要去补习班寻求老师的帮助呀？"如果孩子坚决表示"不要，我就要自己学"，那可以再给他一次机会。即便明摆着成绩不会很好，我们也要让孩子体验自学并准备考试的过程。初中的一次考试考砸了，并不意味着人生就失败了。我们可以跟孩子说："好的，那你再试试吧。"如果孩子意外地考得很好，请给予他充分的认可并相信孩子的学习能力。如果成绩不理想，再跟孩子讨论后面的改进方法。

若是家长在解决问题的过程中能够循序渐进，那孩子接受起来也会比较容易；若是家长由于心急跳过了太多步骤，孩子就可能会产生抗拒心理，从而拒绝上补习班。想要达成一致，离不开妥协和协商。

当给孩子时间自学时，应该如何评价孩子的学习成果呢？大部分家长会和孩子约定，若是没考进班级前几名，或是平均分没达到多少分，就要去补习班。这不是一个好方法。我们需要告诉孩子，去补习班并不是因为他学习成绩差，而是要帮助他提高学习效率。我们可以对孩子说："妈妈给了你机会，也没唠叨你,我知道你不是没有努力,但是效果不是很好。这是由于你还不太会安排时间。我们可以按照补习班的时间表学习,这样会更高效。"

如果孩子在考试时做错了很多基础题,家长可以这么说:"你现在的基础比较薄弱,自学会很辛苦的,最好有老师来帮助你。请家教的费用太高了,上补习班是最好的选择。妈妈会帮你找小班教学的补习班,那里教得更详细。"父母可以多花些时间和孩子好好沟通,说服孩子,在充分尊重孩子意见的前提下决定孩子要补习的科目。

很多家长担心孩子去了朋友所在的补习班后,会只顾着玩耍,不好好学习,但其实这没有什么,你可以认为这是为了减轻孩子刚开始上补习班时的抗拒感。在一两个月后,可能孩子自己也会觉得这样有些过分。大多数孩子从初、高中时开始上补习班,而这刚好也是孩子愿意跟朋友黏在一起的时期,很多孩子会跟着朋友做选择,这是没办法阻止的。但如果孩子跟着朋友逃课去网吧,家长需要明令禁止,然后给孩子换一个补习班。

大部分初、高中生的家长最常说的几句话是:"补习结束了?""补习班作业做完了吗?""明天上补习班的东西收拾好了吗？""快洗洗睡吧。"比起这些，父母更需要关心孩子对补习班是否满意、有没有什么不开心的地方、上补习班有没有什么问题、还想不想继续上这个补习班、补习班的老师是否尊重孩子。另外，最好不要让孩子补习的时间过长，或是给孩子报太多科目，在补习班里待的时间长并不意味着成绩就能更好。在补习班里上课时间越长、要做的作业越多，孩子回家后就越不想学习了。有的孩子甚至会因为熬夜做补习班的作业，在学校课堂上呼呼大睡。

当孩子跟不上学校的教学进度时，上补习班能帮助孩子弥补差距，但家长不应该把补习看得比学校里的学习更重要。因此最好只让孩子在补习班里学习自学比较吃力的科目。如果孩子有特别喜欢的科目，想要进行更加深入的学习，家长也可以尊重孩子的意见送他去学习。请家长谨记：送孩子去补习班不是为了满足父母的期待，而是为了让孩子在学习的过程中有所收获。在孩子学习的过程中，父母只是局外人，请一定要记住这一点。

其实这样也很烦 ③

板着脸也会被管

孩子为什么会烦呢？▶

孩子看起来不开朗，家长就会担心，比如：摆着这张臭脸会不会被其他小伙伴讨厌呢？老师会不会觉得他有什么不满？他会不会是上学的时候遇到了什么问题？是抑郁症吗？由于担忧，父母总是对孩子说："你笑一笑吧！"孩子本来并没有什么不开心的事，但父母经常说"你怎么摆着一张臭脸"，反而令孩子感到不适。父母说孩子"你看起来很生气"，孩子反驳说"我没有"，父母又坚持说"可你看起来就是生气了"，孩子可能就真的因此生气了。这时孩子会想："小的时候管我上厕所，现在连我脸上有什么表情都要管，真讨厌。"

应该怎么处理呢？▶

其实，此时最好的办法并不是指责孩子或是命令孩子换上好脸色。家长应该多对孩子笑笑，多跟孩子聊聊天。俗话说得好："伸手不打笑脸人。"看着爸爸妈妈的笑脸，孩子的表情也会变得柔和，说出的话也会好听一点。对于某些年龄不小但一到陌生环境就紧张到板着脸的孩子，我们需要说："你现在对周围还不熟悉才会这样，等熟悉了之后就没事了。"如果总是一味地让他们笑一笑，孩子既要适应陌生的环境，又要勉强挤出笑脸，会更有压力。

周末

孩子为什么会烦呢？▶

对于孩子来说，周末并不是休息的日子，而是父母处理平时没完成的事情的日子。爸爸妈妈忙着拜访亲戚、逛商场等等，孩子明明想休息，却因为要一起做这些事累得要死。孩子从周一到周五都在学习，周末还要跟着爸爸妈妈为这些事奔波，他们的心情可想而知。有时候，孩子周末不想做任何事情，只想睡懒觉好好休息，但爸爸妈妈却嚷着要去爬山、做运动，或是去哪里玩。喜欢户外活动的父母不想让孩子在家里看书或者玩电脑游戏，就让孩子早早起床跟他们出门。没休息好的孩子即便被拖出门，也是像没骨头一样软绵绵的，嘴巴噘得老高，而爸爸妈妈看到孩子这样又会发脾气训斥。因此，孩子不喜欢周末。

应该怎么处理呢？▶

如果孩子已经不小了，父母周末就不要非得带着他参加自己的活动了。如果孩子年纪较小但不想跟着一起出去，爸爸妈妈可以分工，一个人单独出去办事，另一个人在家里照看孩子，如果是两人都必须出席的场合，可以拜托关系亲近的朋友帮忙照顾孩子几个小时。如果父母觉得孩子太不爱动弹，想让他出去活动活动，那么与其勉强带着孩子出门，不如先和孩子好好聊聊。我们可以这样问孩子："你太不爱动了，这让爸爸妈妈很担心。运动量不达标对身体不好，你还是得做点运动。你想做什么呢？去爬山吧？"如果孩子不想去爬山，我们可以对孩子说："那就选择其他运动，反正咱们要去运动一下，具体做什么运动，你自己选吧。"如果孩子回答只想散个步，请开心地对孩子说："好啊，散步去喽！"带着孩子在家附近简单地散会儿步就好了。父母可以一边散步，一边和孩子聊些有趣的话题。

放假

孩子为什么会烦呢？▶

对孩子来说，假期是不用学习、完全放松的时间，但是家长却因为担心孩子一天到晚窝在家里，试图用补习班填满孩子不去上学的时间。从孩子的角度来看，放了假也要像上学一样学习，压力非常大。其实，真正意义上的、可以允许孩子完全放松的"假期"常常还不到一周。我们如果只有一周的假期，根本不会处理工作的事情吧？但是，我们却要求孩子在学期中和假期里都有学习安排，孩子怎么会不感到烦恼和委屈呢？

应该怎么处理呢？▶

我会对孩子说明，假期并不是可以彻底不用学习的时间。孩子可能会叹口气问我："那为什么要放假呢？"我会继续解释："在特别冷或者特别热的时候，大家的学习效率会下降，因此，放寒暑假不过是让你们居家学习。假期不是也有作业吗？这就是让你们换个地方，在家里自学。"这样说的话，孩子是可以听懂的。不过，这是在与孩子沟通时说的话。其实我想说，孩子也需要时间给自己充充电，适当地晚起一会儿也没关系。孩子上学的时候精神比较紧绷，假期里正好可以好好放松一下。在假期，父母还可以让孩子做些与学习无关的事，比如：让孩子学点自己感兴趣的东西，带他去参观名胜古迹、游览自然风光。假期请让孩子缓解紧张的情绪，这样也可以化解上学时亲子关系中积攒的矛盾。

不能随心所欲地看漫画、动画片、电视剧等

孩子为什么会烦呢？▶

来咨询的孩子经常这样说："哪怕只有一次也好，我真的很想随心所欲地看一回。"孩子想看的东西太多了。漫画、动画片、电视剧、短视频等，孩子想要不看家长脸色、不被家长批评地看上一天。但是家长却很担心，只要允许过一次，孩子以后就会变本加厉。再说，就算允许孩子看一天，这对他们的发展又有什么用呢？但是，这不是"自制力"和"自我管理"方面的问题，而是关于"包容"的问题。对孩子来说，爸爸妈妈能真心地容许、接受自己所喜欢的东西是很重要的。

应该怎么处理呢？▶

我认为，如果孩子提出了请求，那就让他尽情地看一天吧。我们可以对孩子说："好的，今天就尽情地看吧。"如果第二天要考试，这样可能不太合适，但若是在期中、期末考试结束后，容许孩子尽兴地玩一天也没什么大不了的。这也是一种象征：考试结束后可以尽情玩耍，但之后要再回到正常轨道。不过，对孩子来说，比起让他们尽情地观看各种视频，他们更想听父母说"爸爸妈妈今天一整天什么都不会给你安排，我们要陪你好好玩"。孩子小时候最喜欢爸爸妈妈陪自己开心地玩耍了。

Chapter 4

孩子最大的难题
父母

> **孩子的心声**
>
> # 世界上最爱我的人，
> ## 为什么让我这么累呢？

　　孩子最爱的，同时也最让他们倍感苦恼和痛苦的人是谁呢？是爸爸妈妈。回想一下我们小时候，我们喜欢爸爸妈妈，却不是一直都喜欢。与父母相处时的温暖经历会让人永生难忘，但失望的经历也会成为一辈子的伤口。

我们的人生中，至少有 20 年是与孩子生活在同一屋檐下的。如果亲子关系融洽，父母能对孩子产生好的影响，孩子在这 20 年里就会生活得非常幸福快乐；但如果亲子关系紧张，父母给孩子造成了消极影响，孩子就会留下痛苦的回忆。而且，孩子是无法避开父母的。孩子可以避开不喜欢的朋友，不喜欢补习班老师可以不去补习班，不喜欢邻居也可以绕路走。唯有父母，不论他们是什么样子，在一定时间内，孩子都无法与他们分离。

亲子关系不是一种平等的关系。父母掌握着孩子人生重要时刻的所有钥匙，而孩子只能全身心地依赖父母。孩子觉得，反抗父母是不会有好下场的，而父母给孩子的一切都被包上了以"爱"为名的糖衣，这是没有商量余地的。尽管父母的行为让孩子觉得痛苦或有压力，但因为那些行为是出于父母对自己的"爱"，孩子根本不敢抱怨或质疑。他们会觉得，自己有这些负面想法是辜负了父母的爱，自己是个坏孩子。

另外，亲子关系的一大基本前提是父母要保护、照顾孩子。孩子和父母都认为：父母并不是下决心想着"我一定要好好疼爱孩子"才为孩子付出的，他们是理所当然就会付出的，而当这些被认定是"理所当然"的事情没有发生时，孩子就会感到很受伤。别人都能得到父母的爱，只有自己得不到，孩子会因此把自己当成很差劲的人，产生"我得有多差劲，才会连爸爸妈妈都讨厌我啊，爸爸妈妈连理所当然的事都不愿意为我做"的想法。

曾经有位女士来找我咨询，说自己生了孩子后感到很苦恼，她在养育自己孩子的过程中逐渐更加不理解自己的母亲。自己生了孩子后，不管孩子做什么她都觉得可爱，心中充满了对孩子的爱。孩子在凌晨哭闹，她不管有多累都会起来哄孩子，但她的母亲并不是这样对她的，这种落差感让她很苦恼："为什么我小的时候母亲没有这样对我呢？母亲不爱我吗？我这么差劲吗？我不应该出生吗？母亲在照顾我的时候为什么没有被激发出作为母亲的本能呢？"这些问题一直困扰着她。直到某天她无意中得知，自己口中的"母亲"其实是她的继母，她的亲生父母在她很小的时候便离婚了，此时她的心情才舒缓了许多。

亲子关系的基本前提是父母无条件的牺牲、本能般的爱，若有差池，就会给孩子的一生造成无法想象的困扰。这位女士在得知自己的母亲其实是继母后，便觉得可以理解了。归根结底，她是因为知道了"原来我不是那种差劲到无法得到尊重的人"而恢复了自尊心，心情得到了平复。当父母不开心，付出的爱不明显时，孩子受到的伤痛和陷入的混乱是难以言喻的。

父母需要和孩子进行互动，给孩子爱。这种爱是无条件的。当无法得到爱时，孩子会很难受。父母是孩子的天，在这片天底下，只有感觉到安全、被爱和尊重，和父母相互信任，孩子才能安心长大，才能积极战胜各种无法避免的压力。不论未来际遇如何，父母永远都是孩子坚实的后盾。

上班的妈妈 |
妈妈是我心灵的避风港，
我想一直跟妈妈在一起

如果孩子因为妈妈出去工作而吵闹，妈妈会感到非常伤心。她们既要上班，又要处理家务，还要照顾孩子吃饭、穿衣、洗漱，即便有三头六臂都不够用，可是孩子不但不去心疼这样忙碌的妈妈，还跟妈妈吵闹。周围的人也会说闲话，"出去上班能赚多少钱啊，都不顾家务和孩子了"，丈夫也不会早回家帮把手，到了要接孩子的时间，自己甚至来不及把工作好好收尾，就要着急忙慌地跑去接孩子。整个人精疲力竭，没有一个人来帮忙，却有那么多人站在一旁说三道四，甚至连自己的孩子都加入其中，妈妈当然会感到委屈了。那么，孩子为什

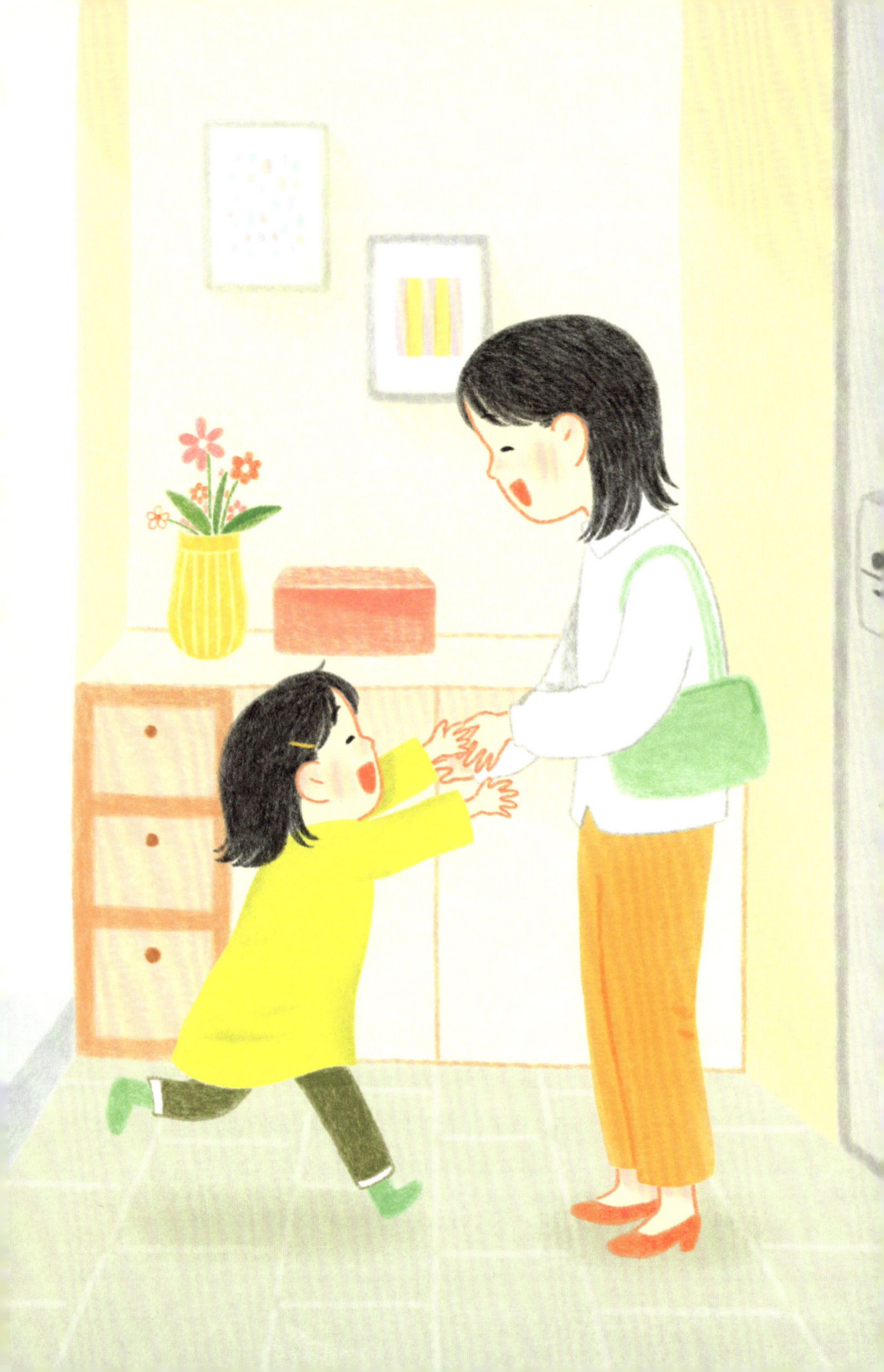

么不喜欢妈妈出去工作呢？让我们听听他们的心声吧。

> "我真的好爱妈妈，想要一年365天一天24小时都黏着妈妈。只要妈妈在身边，我就好像可以做成任何事。妈妈不在的时候我会很不安，仿佛什么都抓不住。对妈妈来说，她的工作比我还重要吗？"

比起爸爸，孩子往往更需要妈妈。请各位爸爸不要伤心，这并不是说爸爸是"可有可无"的人，只是孩子更需要的是妈妈，尤其是在孩子小的时候。孩子想要离妈妈更近，想要长长久久地和妈妈在一起。无论何时，孩子都需要爸爸妈妈的保护、照顾、帮助和爱，只有得到了这些，孩子才会感觉安心、幸福，得不到的话就会陷入极大的痛苦，而妈妈正是无私地提供这些温暖的存在。因此对小孩子来说，妈妈就是全世界。

虽然并不是说爸爸就不会给予孩子保护、照顾、帮助和爱，但长期以来，都是妈妈在扮演这个角色，看起来妈妈也更加适合这个角色。从社会文化的层面看，大多数人认为这是妈妈应该做的，妈妈在这样的环境里出生长大，自然而然地接过了照顾孩子的责任。孩子也清楚地知道，妈妈更擅长照顾自己，能给自己满满的安全感，所以孩子才更喜欢妈妈，想让妈妈一直待在自己身边。对人们来说，妈妈是心灵的避风港，哪怕是已经成为母亲的女人在想到自己妈妈时也是一样的。当婚后与婆家发生矛盾时,她们会非常想念自己已经去世的母亲:"要是妈妈能安慰安慰我,听我诉诉苦该有多好啊!如果我妈妈还活着,他们就不会这么欺负我了……"当心情不好甚至哭泣时,人们首先想到的"避风港"就是妈妈,这是我们的基因决定的。孩子心中母亲的形象就是这样的。

有的母亲对我说:"吴院长,孩子补习班下课是下午5:00,我下班到家大概是6:30,他洗完澡吃吃零食,等一个半小时我就到家了,为什么他会这么埋怨我呢?"这是因为,孩子希望妈妈能一直陪在自己身边,随时满足自己的需要,心灵的避风港永远是触手可及的。其实对孩子来说,等待多久并不重要,他们只是希望妈妈陪着自己,希望推开家门后,妈妈能奔上前拥抱自己,希望一回到家,就看到妈妈在客厅里坐着等待自己。

有的母亲问我:"您说的没错,在我心里,我的母亲也是那样的形象,但是我需要工作呀。听了您的话,我的心很痛,我应该怎么办呢?"我希望,妈妈们能试着理解孩子的心情,试着去体会孩子这么黏人的心理,在下班回家后,能够先去关心一下自己的孩子。

其实好好想一想，孩子并不是只等一个半小时。妈妈下班回到家，看着被孩子弄乱的家会发脾气，还要打扫卫生、准备晚饭，吃完晚饭后，妈妈又要为了家务事忙得团团转：洗碗、洗衣服、盯着孩子做作业、让孩子洗澡，到了 10:00 要哄孩子睡觉，更小一点的孩子 9:00 就要哄睡。从 6:30 下班到家起，到孩子睡觉为止，真正意义上的能够陪伴孩子的时间可能只有 10 分钟。对上班族母亲来说，早晨的状况也是一样的。

职场妈妈永远都很忙，也永远都很着急。当她们准备出门时，孩子可能会突然说一句"妈妈，我在学校被老师训了"，这时候，很多妈妈一心想着让孩子快点洗漱，送他们去学校，以便自己能尽早上班，根本顾不上问孩子一句："为什么呀？发生什么事了？"这时候也不要对孩子说"你看，我说让你听老师的话吧"，这会打断孩子的分享欲，也会引发很多问题。

孩子会因为你这样的态度感到失落，虽说人们一般都是因失落而逐渐疏远，但孩子不是这样的。孩子一旦感到失落，就会更加黏人。因为没有感受到足够的爱，他们会更苛刻地指责妈妈，并为了确认妈妈对自己的爱不停地提要求，若是要求没有被满足，他们就会更加生气，甚至会故意惹祸。孩子也很关注妈妈在做什么，事实上，对妈妈出去上班感到不满的孩子会这样抱怨："我妈妈不愿意和我一起玩，却和她朋友打了半小时电话。"

那么,妈妈应该怎么减轻孩子的失落感呢?下班回到家后,请记得先去拥抱并陪伴孩子,半小时后再去打扫卫生或是准备晚饭。陪孩子玩玩吧,和他们好好聊聊天,并抱着孩子对他说:"你都不知道妈妈今天一直在想你。"要记得告诉孩子:"对妈妈来说,你是这个世界上最珍贵的存在。你让妈妈感到非常幸福。"妈妈可以和孩子对视,或是拍拍他的肩膀问:"今天有什么不开心的事吗?"时长不是问题,哪怕只是 30 分钟也已经足够了。当妈妈对孩子表现出这样的爱意后,孩子就感到很满足了。但是,大多数妈妈回家后只会说"你作业做完了吗?",或是"妈妈下班这么累,你应该帮帮忙啊"。这样会让本就想念妈妈的孩子更加难过。

上班族妈妈有一点需要特别注意,当跟孩子提起上班的理由时,请不要说"妈妈也想陪你,但是如果妈妈不去赚钱……"这样的话。即便真的需要赚钱,也请不要说得太直白。可以说:"对妈妈来说,你是世界上最重要的。妈妈很珍惜和你在一起的时光,但是,工作也非常重要,而且是必须去做的。妈妈也很喜欢这份工作,妈妈不能一直在家里陪你,但会尽最大努力多和你聊聊天,陪你玩儿,休息的时候全听你的,好不好?"

另外,请不要说"妈妈觉得工作很重要,妈妈也有自己的人生"之类的话。这话虽然没错,但亲子关系的基本前提是"父母的爱是绝对的、无条件的"。如果妈妈这样说,孩子就会把自己和妈妈的工作做比较,感觉妈妈对自己的爱并不是无条件的,并因此感到失落。

那么,"我应该好好照顾你的,对不起呀"这样的话怎么样呢?也不太好。我们的每个行为,都是在自己慎重思考后决定的,孩子也需要认识到这一点。这样说听起来像是"妈妈也不想去工作,但不得不去",这不利于孩子的教育。我们可以这样说:"你上学的时候和班里的同学相处得好吗?放学后去上补习班时,见到朋友们开心吗?你跟补习班的朋友一起玩,并不会忘记学校里的同学,你们之间的关系也没有结束,妈妈也是一样的,妈妈也会和很多人相处,但是只有对你的爱是绝对的、无条件的,是独一无二、无可比拟的。"

> **忙碌的爸爸｜**
> 你到底为什么这么忙呀？

在我小的时候，我的父亲非常忙碌，经常在休息日也去公司加班。父亲星期天上班的时候偶尔会带我一起去，也会花时间详细跟我说明他到底在做什么工作。因此，我从很小的时候就明确地知道了爸爸到底在忙什么。但是最近，即便是问一些年纪已经不小的孩子"你爸爸是做什么工作的呀"，他们也只能含糊地回答："这个我也不太清楚，应该是在公司工作。"他们并不清楚爸爸就职的公司的名称，也不知道爸爸具体的工作岗位，所以经常会不满地问："爸爸到底为什么这么忙啊？"孩子为什么这么不满呢？来听听孩子的心声吧。

"爸爸为什么这么忙啊？他也并没有赚很多钱，

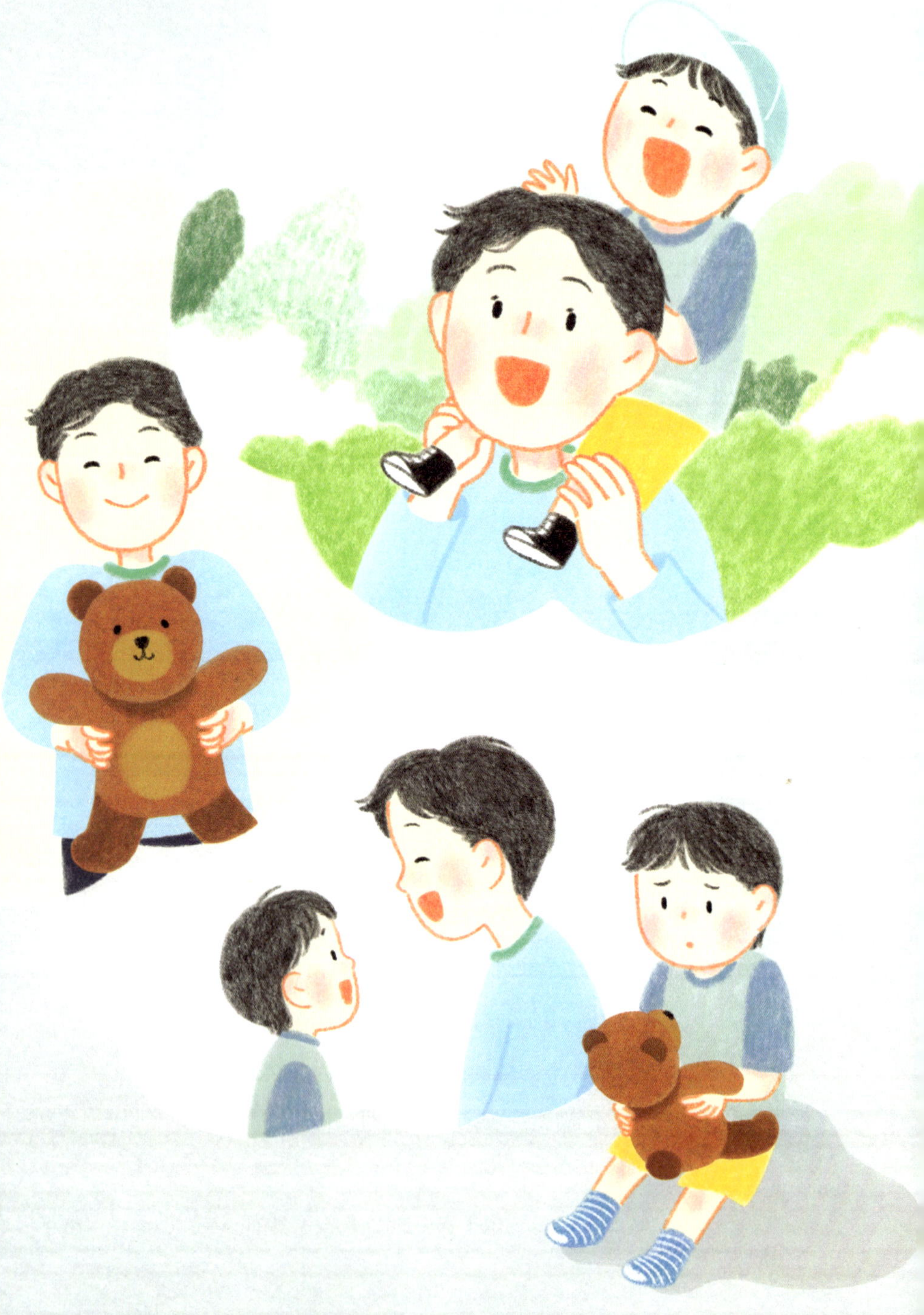

职位也没有很高,也没有为了升职或是换工作而准备资格考试。他也许是去忙着喝酒了吧?不是说为了我才工作的吗?骗子!我觉得比起我,爸爸更喜欢公司的同事!"

我仿佛看到了听完孩子的话,失落不已的父亲们的样子,但是,孩子的这些话其实包含了"我想和爸爸待在一起"的心情。对孩子来说,爸爸是像妈妈一样重要的人,爸爸的角色也是非常重要的。

孩子在爸爸非常忙碌的时候会感到烦闷,尤其是爸爸看起来特别忙,收入却没有那么多的时候。但请各位爸爸不要误会,孩子并不是因为爸爸努力工作却赚不到大钱而烦恼,孩子讨厌的是爸爸一大早就出去上班,晚上才回家,而且在大多数情况下还是喝得酩酊大醉才回来,甚至星期天也要出去应酬。在孩子看来,爸爸可能是真的出去聚餐或者应酬,但也有可能是在骗自己。

从孩子的角度来看,爸爸不在家有很多坏处:没人陪自己玩,无法一起打棒球、踢足球,星期天也不能全家人一起去游乐园玩。

虽然孩子看起来不谙世事，但其实他们能在一定程度上理解当前的状况。我也知道爸爸在工作中有很多苦衷，但还是很希望爸爸也能理解孩子的心情，多花点时间陪伴孩子。

有的爸爸真的很有能力，而孩子也知道爸爸在做一些对社会有益的、被社会认可的事，可即便如此，孩子也还是会感到委屈，因为他们觉得，在爸爸心里，工作比自己更重要。孩子认为爸爸只爱工作，80%的时间都在工作，还总说这是没办法的事。孩子希望爸爸周末可以全身心地陪着自己，但疲惫的爸爸却一动不动，只想休息。

孩子会对这样的爸爸感到失望，因为他们没有多少和爸爸在一起的回忆。我问孩子："你爸爸在公司得到了大家的认可，也能赚很多钱，这不是好事吗？"孩子却回答："这跟我有什么关系？"有的爸爸被公司调派到了国外，全家都要跟着去国外生活两三年，孩子不得不与朋友们分开，站在孩子的立场上看，这都是爸爸造成的。爸爸赚到钱，让孩子买想吃的、想要的东西，送孩子去上补习班，可现在的孩子觉得周围朋友的家里也都是这样的，并不认为爸爸的辛苦工作给自己创造了多么好的生活条件。

孩子很重视和爸爸在一起的回忆，他们希望在感到疲惫的时候，能靠这些珍贵的回忆让自己撑下去。全家人一起在游乐场玩耍、小时候爸爸背着自己"骑大马"、和爸爸爬山的时候聊天……这些回忆会帮孩子战胜困难。但是爸爸总是很忙，总是缺席全家人一起制造回忆的活动。虽然孩子知道爸爸是为了这个家才努力工作的，但他们无法切身感受到爸爸的爱。孩子想找一些证据，来证明爸爸是爱自己的。

希望家长能够记住，孩子现在的推理能力还比较弱，比起思考，孩子更容易相信看得见、摸得着的东西。爸爸妈妈要抱着孩子告诉他"我爱你"，孩子才会相信父母是爱他的。因此，父母应该多表达爱，增加陪伴孩子的时间。与孩子在一起时，尽量不要唠叨或者发脾气，要开心地度过这段时光，多和孩子聊聊天，告诉孩子爸爸为什么这么忙碌。如果能经常与孩子交流，日后不需要做过多解释，孩子也会理解家长的。

妈妈的朋友 |
比起我的朋友，
妈妈的朋友问题更大

在孩子眼里，妈妈的朋友也是个大问题。孩子非常讨厌和妈妈住在一个小区的朋友，讨厌妈妈和这些朋友打电话，更讨厌其中那些动不动就打电话叫妈妈出去一起喝咖啡的朋友。原因很简单，孩子觉得这些朋友占用了妈妈本来可以陪伴自己的时间。让我们来听听孩子的心声吧。

"妈妈太喜欢和朋友一起玩了。我去上学的时候，她和朋友一起去练普拉提，结束后她们一起吃午饭，吃完午饭又去其中一人的家里喝咖啡聊天。有时候，阿姨们会在我家聚会，从幼儿园放学回家后，我想好好休息或是和妈妈玩，但妈妈却把我丢给她朋友的孩子，让我和他们一起玩、一起写作业。然后她们就嘻嘻哈哈聊得特别开心，吵死了。妈妈朋友的孩子里，有的和我合得来，有的和我很合不来，为了配合他们，我压力很大。有时候，我们玩着玩着起争执，我希望妈妈能够来这边看一下我，但是妈妈根本不关心我们，她正忙着和自己的朋友聊天呢。更过分的是，那些阿姨走了以后，从吃完晚饭到睡觉，她们还要煲电话粥，妈妈又捧着手机看别人发在朋友圈的照片，还要点赞。妈妈到底什么时候有空陪我玩啊？我真的烦死妈妈的朋友们了。"

孩子讨厌的"妈妈的朋友"大多不是指妈妈的旧友或是同学，而是由现在住在同一个小区，彼此的孩子年纪也差不多的阿姨组成的"姐妹团"。虽然刚结交不久，但是她们非常亲密。从孩子去幼儿园开始，到孩子上小学，这份友情会一直持续。在这期间，她们几乎天天见面或是打电话，由于住得近，她们经常结伴去健身房、瑜伽室、超市、百货中心等等。在这令人迷惑的世界，如果不分享育儿信息，形成什么共识的话，妈妈会觉得心里很不安。因此，孩子年龄差不多的妈妈才总是聚在一起。在孩子年纪小的时候，这样的聚会真的很有用。突然有急事的时候，妈妈可以拜托对方帮忙照看孩子，有车的妈妈可以帮忙送其他人去医院或者超市，大家会互相分享制作断奶期食物的方法，还会分享美食，也可以把自己孩子不穿的衣服送给更小的孩子，或者互相交换图画书看。如果没有这样的朋友，养育孩子的过程会变得孤独且困难。大多数情况下，妈妈和朋友的友情都是从互相帮助开始的。

孩子不喜欢妈妈的朋友，有一个重要原因，那就是妈妈朋友的孩子和自己上同一所幼儿园或是小学，自己在小区里没有秘密可言。比如，孩子在学校里被老师训了，孩子本来觉得不是什么大事，也挺丢人的，就没有跟妈妈说，结果放学回家还不到五分钟，妈妈的朋友们就都知道了这件事。而且，考试考了多少分也成了所有人都知道的事。因为妈妈的朋友们，孩子感觉自己已经没有了隐私。

另外，妈妈很喜欢把朋友的孩子和自己的孩子做比较。这也是没有办法的事，孩子年纪都差不多，凑在一起，就算妈妈没打算比较，也会不自觉地比较起来。虽然由于孩子自身的成长发育速度不同，这样的比较并无意义，但是每天看到孩子间的差异，妈妈会觉得自己孩子稍逊一筹的地方更加明显，并会因此感觉有压力。因此，孩子很不喜欢妈妈经常去见朋友。

孩子虽然因为妈妈的朋友而感到苦恼，但他们并不是不允许妈妈结交朋友。妈妈和小区其他妈妈成为朋友是为了互帮互助，和她们见面也有助于缓解妈妈心里的压力，这不是坏事，但问题是，交际不应超过合理的限度。若是和朋友的交际在生活中占了太大的比重，让家人感到不适，甚至连自己都觉得苦恼时，就说明需要适当地调整。请记住，带着孩子去见朋友的时间不能算在陪孩子的时间里，这并不是用来陪伴孩子的时间。

现在，社交软件已经渗透了我们的生活，几乎没有人不用。有人会发孩子可爱的照片，有人会好奇你最近过得如何，来看你的朋友圈。我认为，用社交软件交流是与他人沟通的另一种方式，但如果在社交软件上花了太多时间，让家人感到被冷落或者不适，我们就需要调整一下。这说明我们太关心陌生人的生活了。请不要忘记我们最应该花心思沟通的人是谁。

爸爸妈妈的语气｜
他们肯定又生气了，请对我温柔一些吧

很多孩子会因为爸爸妈妈说话不够温柔而感到有压力。明明温柔地呼唤孩子的名字就可以，有些家长却非要喊"喂""你"，日常的指示说出来也像批评、指责一样。如果孩子问"你为什么生气呀"，家长会说"我没有生气"，这让孩子更加委屈了。孩子很讨厌爸爸妈妈生气或者发火，也很讨厌爸爸妈妈明明没有生气，却总是用听起来很生气的语气说话。孩子非常讨厌命令式、强迫式的语气，讨厌爸爸妈妈大吼大叫，讨厌他们吓唬自己，更讨厌侮辱性的语言，也讨厌爸爸妈妈总拿自己和别人做比较。这种时候孩子是怎么想的呢?

"真的不是生气了吗?爸爸妈妈听起来明明就是生气了,他们却说没有,但我总感觉被批评了。爸爸妈妈是不是不在乎我呢?我感觉爸爸妈妈并不是很重视我,如果真的在乎我,为什么不能用温柔的语气对我说话呢?听到爸爸妈妈这样说话,我的心情很糟糕。"

我们在教育孩子的过程中需要做出一些指示,但请不要用强硬的态度大喊,让人听着好像是生气了。我们可以用温和的语气说话。如果我们用强迫的、听起来好像生气了的语气说话,孩子就不会把这当成一种指示,而是当成命令和强迫。比如:"快穿衣服!""我让你快点关掉!""不行!""妈妈都说了不行!""你知道什么!""你说过不哭了,我看你还敢不敢哭!"这都是命令式和强迫式的语气。再比如:"你整天说会好好做,但是到底做成什么了?""你什么时候做了?"

有些性格强硬的孩子在听到父母语气不好的话后,为了和父母顶嘴,会故意表现出更凶的样子。我们对着孩子扯着嗓子说过一次话,下次就得用更大的声音说话,孩子才会听。也就是说,不是因为孩子凶,所以父母要凶,而是因为父母看起来很凶，孩子才把自己武装成很凶的样子。有的父母告诉我："我们家孩子吧，你必须扯着嗓子跟他大喊，他才会听话。"对于这样的父母，我会劝他们试着用温柔的声音说话，这样，孩子一般会安静很多。如果我们凶巴巴地大喊："喂，我让你安静！"孩子也会用更大的声音叫喊；但如果我们轻声细语地说"妈妈有话要跟你讲"，孩子就会瞪圆眼睛小声地问："说什么呀？"接下来，我们应该用更小的声音说："你听好了哦……"为了听清楚我们的话，孩子会安静下来。如果我们跟孩子说"你安静下来，妈妈说话轻松多了"，孩子就会学会以后在这种时候保持安静。想要改变孩子说话的语气，父母首先要以身作则。

想要把孩子养成情绪稳定的人，最好的办法就是读懂孩子的内心，给予孩子最基本的尊重，用心倾听孩子的内心世界。

当我劝家长"对孩子说话要温柔点"时，有的家长会反问我："吴院长，我都快被他烦死了，怎么温柔地对他说话啊？"这份烦躁的心情不会立马改变，但还是克制一下，改变下说话的语气吧。如果我们经常对孩子温柔地说话，孩子的反应也会变得不同，而看到孩子的变化后，妈妈对孩子的看法也会发生改变，心情也就会随之变化了。

发脾气 |
爸爸妈妈也有做得不对的时候，为什么只有我总挨训呢？

如果问孩子，你最讨厌爸爸妈妈对你做什么事，孩子会回答："爸妈训我。"孩子会说："希望爸爸妈妈不要再训我了。"在挨训时，孩子的心情是这样的：

> "爸爸妈妈训我的时候，我真的心情很糟糕也很难过，明明爸爸妈妈也有犯错误的时候，但每次都只有我挨训。我希望也能有人来训他们一下。为什么只有我挨训啊？我是那么差劲的人吗？"

有的孩子因为被父母训斥而苦恼不已，于是来我这里咨询，我问了他们的父母三个问题。第一个问题是，"为什么要训斥孩子，什么时候会训斥孩子"。大多数家长会回答："当孩子犯错误的时候。孩子犯了错总不能坐视不理吧。"我纠正道："这是教育啊。"家长会回答"是的"，于是我会追问："那么为什么要训斥孩子呢？好好教育他不就行了吗？"很多家长听后会很迷惑。这是因为，他们一直认为"训斥"和"教育"是一样的，认为训斥孩子能教会孩子道理。

第二个问题是，"家长没有犯错的时候吗"。大部分家长会回答："当然有了。"我会笑着说："是啊，爸爸妈妈也会犯错误。"孩子也是会看到父母的错误的，家长其实很清楚自己错在何处。很多孩子在来找我时会说："吴院长，请您训我妈妈一顿，我妈妈每次只知道训我，其实她也老犯错误，但是没有人训她。对了，也请您训一下我爸爸，我爸爸也犯了很多错误呢，您帮我训他们一顿吧！"孩子真的会因为挨训而感到委屈，他们稍微大一点后便会开始反抗："妈妈，你不也是这样吗？"

家长在教育孩子的时候请这样说："我不是因为自己很完美才教训你的。我也有很多犯错的时候，我也想努力改正错误。我希望你能拥有比我更好的人生，不再犯我犯过的错误，所以我才要教给你这些。"这样才能让孩子觉得不那么委屈。而且，家长要向孩子示范自己是怎样努力改正错误的。如果父母一味地让孩子不要玩手机，自己却熬夜追剧，那爸爸妈妈的"榜样力量"就几乎为零。孩子会说"你看，他们自己都这样"，然后把父母的教育抛诸脑后。

第三个问题是，"请问您平时不训孩子的时候和孩子关系好吗？会经常花时间陪孩子吗"。大多数家长会摇头。如果关系好，就算父母的教育方式不对，孩子可能也不会太难过。如果父母平时就和孩子关系不好，再经常训斥孩子，孩子就会很受伤。这些父母可能想的是"我平时没能给孩子足够的关注，现在他犯错了，我作为父母应该好好教训他"，而站在孩子的立场想，那就是"平时不怎么管我，这会儿倒是跑出来训我"。这样，孩子会感到很委屈，甚至会讨厌父母，他们不会认为父母这是对自己好。有的孩子甚至说，在那种时候，自己希望爸爸妈妈能消失。

那么应该如何教育孩子呢？家长应该先想想自己训斥孩子的原因。要想纠正孩子的错误行为，教会孩子什么道理，家长就应该教会孩子处理问题的方式。"教育"指的是准确说明事情的核心，亲切地告诉孩子哪里错了，以后应该怎么做，而不是情绪激动地对孩子发脾气。家长认为，自己训斥过孩子后，孩子就不会再犯这样的错误，但其实不是的，发火只会让双方心情变差，并不能解决问题。想要纠正孩子的行为，家长需要好好教育孩子，即使一次不成功，也要亲切地和孩子多谈几次，这样孩子的行为才会有所改善。

有的家长说："打他一次，他就不会再犯了。"可能确实如此。但是，挨了打的孩子并不是因为认可了父母的教育，心里知道"这件事是不对的"才不再犯错，而是为了暂时不挨打才不犯错的。被打后，孩子对父母会抱有很大的反感，他们会想："在你看不见的时候做就好了。"有的家长也认可绝对不能打孩子，应该用言语教育孩子，但他们误以为好好跟孩子说话，孩子就能立刻改善，其实不是这样的，不论怎么好好教育，彻底纠正孩子的某些问题行为都需要时间。

曾经有位爸爸跟我抱怨，不管自己怎么好好教育孩子，孩子的行为都一点也没有改善。我浏览了一下咨询记录问道："三个月前我跟您说让您改的地方，您都改过来了吗？"那位爸爸不好意思地挠挠头说："没有。"我跟这位爸爸解释："您看，您都没办法立马改正呢，孩子也是一样的。"

> **"读点书吧" |**
> **这么枯燥难懂的东西，**
> **一定要读吗？**

在我们小的时候，周围能够给予视觉密集刺激的媒介并不发达，只有电视，还是黑白电视，从下午 6:00 开始播，到晚上 12:00 结束。这个时间段里也不是一直都能看电视，中间会穿插很多广告，孩子看电视的时间不过半小时到一小时。因此，那时候的孩子一般会看书。我小时候也是一样，大概是小学二年级的时候，妈妈给我买了经典名著系列，我别提有多开心了，从书架上拿出一本本书阅读的时候，我感到非常幸福。那时候，书籍也是小伙伴之间传递友情的工具，大家会互相送书做礼物，还会在书里夹上书签、四叶草、小纸条。

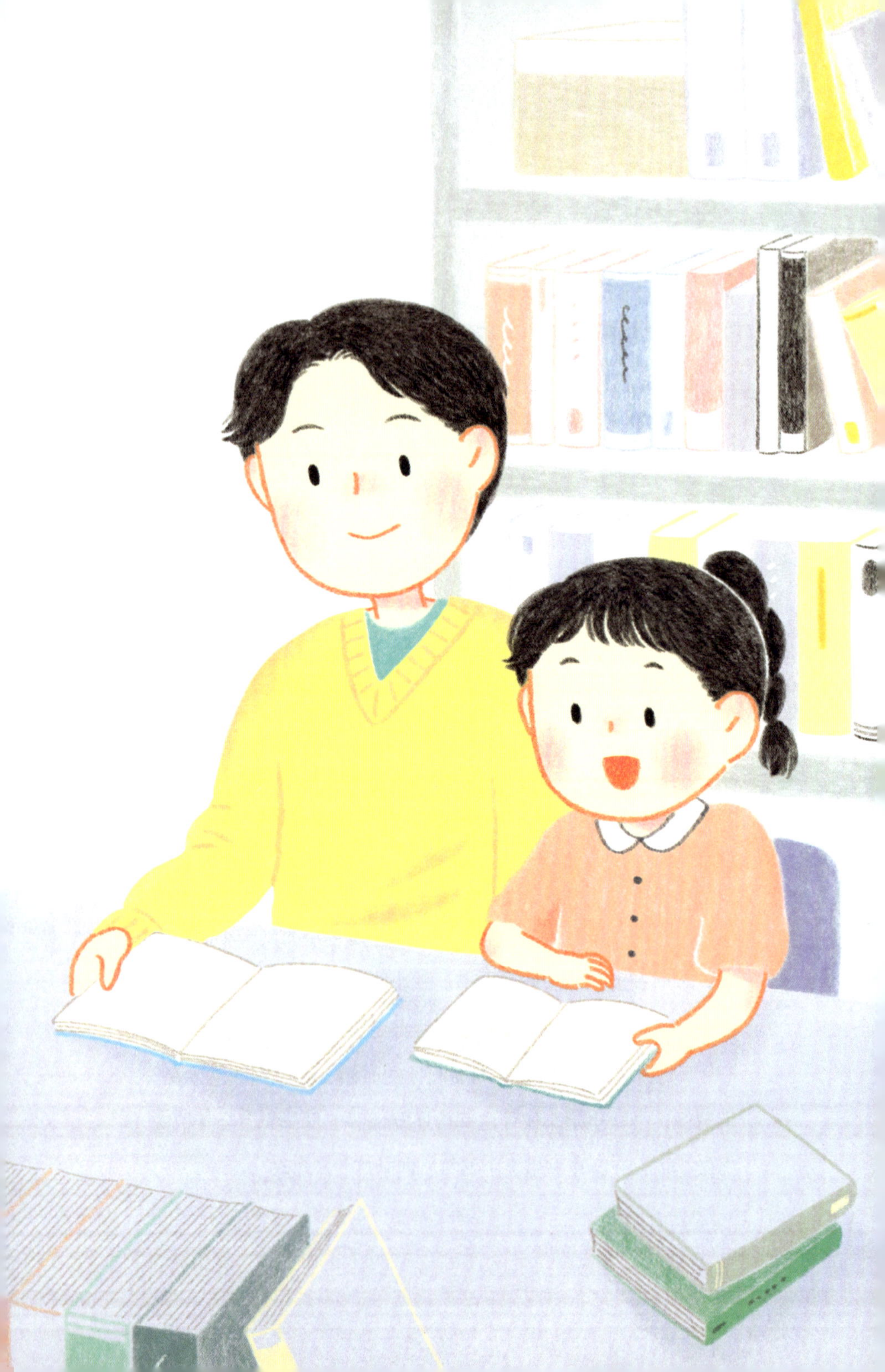

但是，现在的孩子已经不这么看待书了。父母为了让孩子学习知识、积累常识，少做些没用的事，于是鼓励孩子"读书"，但在孩子眼里，读书等同于学习。听到父母说"读会儿书吧"，孩子就仿佛听到"快学习吧"一样觉得反感。比起书，孩子更喜欢看视频。视频色彩艳丽、画面变换迅速，而书单调乏味，是由一个个黑色的字组成的，且由于平时不怎么读书，孩子读书的时候速度很慢。从孩子的角度来看，看书就像是在看一部进展很慢，也没有几句对话的无聊电影。因此，孩子只有在准备考试或者要学习的时候才会读书。书很枯燥乏味，孩子看了也往往不明白里面在说什么。当父母说"多读点书"的时候，孩子是这样想的：

"这是变着法儿地让我去学习吗？爸爸妈妈好像是在批评我不应该玩电脑，但我才刚刚学习过啊，看来爸爸妈妈是看不得我休息。我真的很讨厌读书，就算读了，我也不知道它在说什么，太无聊了，我一直在不停地打哈欠。到底是谁发明了书来折磨我啊，被我发现的话我是不会放过他的！"

怎么才能让孩子读书呢？首先我们应该了解，由于从小就开始读书，父母在接收文字信息等中性视觉刺激时也能保持活跃状态。文字组合成文章的过程，刺激想象力，会让人更容易理解文章的内容。但是，孩子从很小的时候起就只接触色彩丰富的画面、快速变换的视觉刺激，大脑并没有那么活跃。孩子的大脑会试图把所有的信息图形化并一次性接收，因此对文字之类的中性刺激并没有什么反应。

比如在阅读下面这段文字时，家长和孩子的感受是不同的。"寒冷的冬天，一个高个子男人竖起外套的领子，有气无力地走向狭窄的小胡同。寒风凛冽，男人把放在口袋里的手拿出来，把领子又竖起来一些。男人的脚步声在四下无人的寂静胡同里尤为明显。"家长会把这些文字都联系起来，想象出一幅画面。画面很凄凉，很阴森，接下来会发生什么事呢？家长会感到好奇，并忍不住继续阅读。但是，孩子读了这段话毫无感觉，他们感知不到字里行间的意境，也不会产生其他联想，他们得亲眼看到这幅画面才能理解。因此，孩子真的很不喜欢看冗长的文字，尤其不喜欢看哲学性的或者很复杂的文章。

由于孩子对文字的理解能力比较弱，在让孩子读书的时候我们需要给出一些详细的指导说明。比如，当我们想让孩子读《小王子》的时候，我们可以对孩子说："读这本书的时候，哪些内容是很重要的，你读读看，一次都读完可能会有些难，今天先读完一章也好。"我们可以先让孩子看些简单有趣的书，如果孩子之前看过的影视作品有原著，让他们从这些书开始看起也不错。比如，如果孩子看过《哈利·波特》的电影，就可以让孩子阅读《哈利·波特》的原著。孩子大体知道书里讲了什么，理解起来就会相对容易一些。如果孩子非常抗拒读书，那我们可以先让他从漫画书入手。比如，《希腊罗马神话》系列图书有相关漫画，我们可以让孩子先看漫画再去读书。在给孩子选择读物的时候，我们要选择比孩子当前年龄能理解的内容更简单的书。

如果想让孩子读书，我们要少说"你读点书吧"这样的话。父母在孩子做了让自己不满意的事时经常会说这句话。当孩子无所事事地在房间地板上滚来滚去时，当他们看电视入迷或是玩游戏上瘾时，我们经常会说："别玩了，快去读点书。"在孩子听来，读书似乎是惩罚，会更反感。从孩子的立场上看，书有了抽象意义，成了和自己站在对立面的"妈妈朋友的孩子"，所以看都不想看它一眼。就像看到妈妈朋友的孩子时，他们会想"他为什么这么优秀啊，害我被骂"一样，他们看到书也会想"到底是谁发明了书，让我这么受罪啊"。

比起说"读点书吧"，更好的办法是在开家庭会议时规定好读书的时间，30分钟就足够了。在这段时间里，全家人都把电视、电脑和手机关掉，一起读书。孩子在这段时间里读没读完一章并不重要，只要让孩子进行一些安静坐下、打开书阅读的练习就够了,我们需要让孩子先熟悉读书的感觉。有很多孩子会说:"爸爸妈妈也根本不读书,却每天让我去读。""爸爸妈妈自己看着手机笑得咯咯的,整天就知道看有意思的短视频,却催我'快回房间读书'。"如果爸爸妈妈愿意陪孩子一起读书,孩子就不会那么愤愤不平了。

爸爸妈妈吵架 |
他们会离婚吗？会抛弃我吗？

当爸爸妈妈经常吵架的时候，孩子是怎么想的呢？

"爸爸妈妈为什么老吵架啊？现在他们不爱彼此了吗？如果不爱了，他们以后可能不会生活在一起了。他们会离婚吗？看到爸爸妈妈恩爱的样子，我会感到很幸福，如果爸爸妈妈离婚，我会怎么样呢？我会被他们抛弃吗？"

曾经有对夫妻几乎每天都因为丈夫不务正业而吵架，我虽然知道他们的事情，但还是装作不知情的样子问孩子："爸爸妈妈常常吵架吗?"孩子噘着嘴说:"是的。"我继续问:"这样啊,那你知道爸爸妈妈为什么经常吵架吗?"孩子的妈妈说,孩子并不知道他爸爸在外面不务正业,孩子却回答"知道"。于是我问:"是吗?是为什么呢?"孩子淡淡地说:"99%是因为我和弟弟啊。"孩子以为,是由于自己和弟弟不听话,比如没好好做作业,爸爸妈妈才会吵架。

大部分关系不好的夫妻是因为自身的问题吵架,他们都认为是对方的错,而当孩子犯了什么错时,他们又会以此为由头大吵一架。妈妈在孩子做作业的时候会说:"你快点做,为什么连这点小事都做不好啊?"爸爸会指责妈妈:"你小点声好好教他不行吗?我真不想听你说话,我要出去了。"这样一来,孩子就会觉得自己是父母吵架的导火索,把错都归到自己身上,觉得是自己对不起父母。夫妻之间的问题本来与孩子无关,到头来却是孩子感到了不必要的愧疚。

父母经常吵架,孩子就会陷入极度的不安。父母和子女之间的血缘关系让孩子本能地认为,即便自己和爸爸妈妈关系不好也不会分开,但是夫妻关系是由爱来维持的,如果没有爱,关系很难维持下去。而且,孩子也会听说很多周围人离婚的消息,于是孩子在看到爸爸妈妈经常吵架时,就会担心他们分开。

孩子心中最有安全感、最舒适的家庭应该是这个样子的：爸爸妈妈各司其职，扮演好自己的角色，两个人关系融洽，彼此爱护，能够感受到彼此的温情，能进行顺畅的交流，能够让孩子感受到爸爸妈妈的保护和爱。如果爸爸妈妈经常吵架，这一切就都无从谈起了。若是孩子温暖小窝里的和平与平衡被打破，给予孩子安全感的爱的篱笆也就不再牢固了，如果有测量仪器可以监测孩子此时的恐慌、不安和紧张，那数值一定是在大幅上涨的。

夫妻之间吵架会给孩子带来苦恼。比如，如果父母一周会大吵一次，那么没吵架的六天对孩子来说就像是暴风雨前的宁静。正在洗碗的妈妈后脑勺上都写着心情不好，而正在看电视的爸爸的侧脸也透出一股寒气。在这冷冰冰的气氛中，孩子怎么能感受到平和与舒适呢？孩子忍受不了这样的家庭氛围，如果可能的话，他们真的不愿在家里多待。而且，没有人在吵架的时候会说"你真的是个好人"，夫妻吵架的时候都会专门抓住对方的缺点无限放大，有些话会让孩子觉得难受。孩子希望自己的爸爸妈妈是好人、优秀的人，是走到哪里都能获得认可的人。有的夫妻还会在吵架的时候说脏话或大打出手，孩子看到后会觉得难为情，甚至会怕爸爸妈妈连自己也一起打。

小学生看到爸爸妈妈经常吵架，就会担心他们离婚，当父母吵架提到"分开"时，孩子会听得格外清楚，并且会开始为自己跟爸爸还是跟妈妈而感到苦恼。初、高中生看到父母吵架会想："如果爸爸妈妈真的在乎我，哪怕对对方不满意也会稍微忍忍吧。"如果父母不顾这些准备离婚，孩子会觉得："对爸爸妈妈来说，我也没那么重要啊，比起我，他们自己的人生更重要。"虽然父母并没有这样的意思，但如果父母离婚，孩子会觉得自己是个可有可无的人。

不管在婚前有多么相爱，两人在一起生活后都会出现意见冲突，这是需要调和的，而且也并不全是坏事，孩子反而能因此学会"即便两个人意见不统一，通过沟通也能达成一致"的道理，这也是很重要的社会性教育。但问题在于，父母在吵架的时候总会情绪上头，在陈述自己观点的时候总是会不由自主地变得激动。父母真的要学会控制自己的情绪，如果一表达意见时就激动，那给对方发邮件或是发消息也是可以的。用文字表述的话，情绪会平和一些，在发送之前自己可以先检查一遍，确保没有过于情绪化的内容，对方看了也不会过于激动。

意见冲突并不一定会引发争吵，夫妻间多多少少都会有意见冲突的时候，真正引发争吵的是情绪上头，而平复情绪最简单的办法就是用文字表达。当内心火气太大，不吐不快时，两人可以把想说的话写下来，放在对方能够看见的地方。想说的话的确要说出来，但请不要吵架，不要给孩子展示父母吵架的样子。

经常吵架的夫妻在生气或者情绪不好的时候最好不要当面发作，如果写信不方便，也可以尝试接受咨询，调解人在场的话就很难吵起来了。当他们来找我咨询时，我经常会跟他们约定两件事。第一，这里很安全，有什么想说的都可以倾诉出来；第二，离开这里后，不要因为刚刚谈话的内容伤心或者生气，继续吵起来。我也会告诉他们，如果他们不遵守约定，我就无法提供帮助。大部分夫妻会答应我这两点。在他们互相倾诉的时候，有一个很有趣的现象：夫妻二人在听到彼此的不满和吐槽时都会说"以前从没听你这么说过"。我会问说话的人："请问您是第一次这么说吗？"通常他们都会否认，称自己每次吵架都会这么说。出现这种情况就是因为夫妻在吵架时把重点放在了争吵上，都没有好好听对方说了什么。当有调解人在场时，双方可以以一种比较理性的状态对对方诉说，也就更容易接受对方的观点。夫妻吵架也是需要技巧的，我们需要练习在生气的时候充分表述自己的观点，减少会引发争吵的发火、骂人、大吼大叫、讽刺或是给对方下定义等行为，这样才能真正地进行商量，而非争吵。

虽然说父母最好不要在孩子面前吵架，但若是孩子看到或者听到了父母吵架,即便孩子不问,也请对孩子说:"吓到了吗?"孩子可能会哭着问:"爸爸妈妈为什么吵架呀?"这时候,父母可以对孩子说:"我们是不是声音太大啦,爸爸妈妈只是意见不同才会这样。你不要担心。爸爸妈妈还是互相爱着的,就像我们都爱你一样。"这样说,孩子的心情就会轻松很多。

不陪我玩 |
为什么不陪我玩呢?
陪我玩玩吧

我们经常会听到孩子让我们陪他们玩,我们觉得自己没少陪孩子玩,但不论是上幼儿园的小朋友,还是初中生,都一致认为爸爸妈妈不经常陪自己玩。

"我从两岁开始就常常对妈妈说：'陪我玩会儿吧。'十几年过去了，爸爸妈妈一直没怎么陪我玩过，陪我玩有这么难吗？他们就这么讨厌陪我玩吗？我已经这样求他们陪我玩了，他们为什么不愿意呢？"

父母也会觉得很委屈，自己明明经常陪孩子玩，为什么孩子会觉得自己没有陪他们玩呢？对此，父母经常有几点误会。第一，父母认为和孩子待在一个地方就是在陪孩子玩，认为在洗碗、叠衣服、看电视剧的时候应和几声孩子的话，比如"这样啊""是吗？""哎哟，真棒！""给我吧，妈妈帮你放进去，去玩吧""再好好找找吧"，就等于在陪孩子玩了，但事实并不是这样。家长主动地和孩子进行双向互动才是陪孩子玩。

第二，父母认为给孩子买玩具就等于陪孩子玩，如果给孩子买了又大又贵的玩具，父母就会觉得自己陪孩子玩了很久，甚至会感到自我满足。重要的不是玩具，而是和孩子一起玩玩具。如果爸爸妈妈只是买玩具，孩子珍惜的是玩具，但若是爸爸妈妈和孩子一起玩玩具，孩子珍惜的就是玩耍的经历和当时快乐的记忆。对孩子来说，儿时的玩耍是和父母一起进行的亲密的双向互动，因此，孩子本能地想与父母一起玩。如果父母只是给孩子买玩具，让孩子自己玩，他们就会产生一种缺失感。

第三，父母把玩耍当成了一种教育途径，在陪孩子玩的时候总想要教给孩子点什么。比如，在玩小汽车的时候，家长一直喋喋不休："这是水泥车，这是挖掘机，这种车一共有几辆啊？这种车和这种车加起来有几辆啊？"如果爸爸妈妈一直这样，孩子会感觉自己要疯了。家长想通过游戏教孩子什么的时候，家长就变成了游戏的主导，随时会展现出自己的意图。游戏的作用是包容孩子的情绪，提高孩子的自主行为能力，如果爸爸妈妈总是想把玩耍跟学习扯上关系，孩子玩得就不会尽兴，玩完游戏后压力反而更大了。

当孩子拿着手表玩的时候，爸爸妈妈会心中暗喜："太好了，今天就教他关于表的知识吧。"然后爸爸妈妈会说："手表的英语是'watch'，又细又长的这根是分针，短的那根是时针。"孩子听了自然会觉得索然无味，于是丢下手表去玩别的了，可父母还紧随其后，说着："咱们接着玩啊，怎么总是换玩具？"孩子下次就不会叫父母加入自己的游戏了，即便自己玩有些无趣，他们也不会想再和父母一起玩了。

据专家说，在孩子年纪比较小的时候，亲子关系中最重要的部分便是"游戏"。从父母和孩子玩耍的方式中，可以看出父母的教育态度。在做游戏评价时我经常能感觉到，家长真的不太会陪孩子玩，经常会给孩子"泼冷水"，其中最具代表性的就是"拒绝"。比如，孩子在过家家的时候，总是会拿一些"食物"来，家长却经常说："妈妈现在不想吃了。""看起来很难吃。"爸爸陪孩子玩玩具小汽车，孩子觉得爸爸选的那辆比自己的要好，想和爸爸交换，本来爸爸只需要说"更喜欢这个吗？为什么更喜欢这个啊？那怎么办呢？要跟爸爸换换吗？"就可以了，但很多爸爸会说："不行，这是爸爸的，你有你自己的，为什么要抢爸爸的啊。"

有的妈妈自己玩得太嗨，根本不关心孩子在玩什么，只知道说："喂，看看妈妈，妈妈厉害吧？"有的爸爸不会在游戏中发挥想象力，还破坏孩子的游戏体验。孩子假装自己是超人，把披风围在脖子上张开双臂，说"呜呼，起飞啦"，一旁的爸爸却说："人怎么会飞呢？"孩子假装积木是蛋糕，要切给爸爸吃，爸爸却说："这不能吃。"当孩子在游戏中表现出攻击性时，家长会训斥："你怎么玩这种东西，玩点别的。"孩子玩得尽兴时才会快乐舒适，家长这样"介入"，孩子只会越玩越不开心。

陪孩子玩耍不是一件容易的事，投入很多精力和孩子进行深度的双向互动，这是很难的，家长常常玩一会儿就感觉到累了。很多家长并不知道什么是真正的陪孩子玩游戏，就算知道也不想去做。但我希望，家长能投入全部精力好好陪孩子玩玩，哪怕一天只抽出 30 分钟，都会让孩子各方面的问题得到改善，对亲子关系或是情绪发展也大有裨益。

那么我们应该如何陪孩子玩呢？只要随着孩子就好了。在选择玩具的时候，我们要充分地给孩子自主权，让他们自由选择。当孩子选好玩具说"我要玩这个"的时候，千万不要说"这个没意思"之类的让人扫兴的话。另外，要让孩子自己主导游戏的进程。当孩子说"妈妈，我要玩钓鱼游戏"时，我们可以主动加入，问："哇，这肯定很有趣，妈妈要做什么呢？"主动加入并不是说要父母动摇孩子游戏的主导权，而是说要积极地和孩子进行双向互动，给予孩子鼓励和指导，陪着孩子一起玩耍。当孩子不知道怎么玩时，请考虑一下孩子作为游戏主导者的心情，温柔地告诉他："我觉得可能是这样玩的……"

当孩子玩得好时，我们可以适当地给予夸奖，而当孩子欢呼着"哇，好有趣"时，我们也可以感同身受地回应一句："哇，太开心了！"在玩游戏的过程中配合孩子的情绪和感受是非常重要的。如果是玩玩具刀或者玩具枪等具有攻击性的玩具，我们要先制定好规则，让孩子在安全的前提下玩耍，在玩沙子和石子儿的时候，也要告诉孩子安全地玩游戏的方法。

哪怕是个子快赶上爸爸妈妈的孩子，也会缠着爸爸妈妈陪自己玩，但是，当小学高年级的孩子缠着父母陪自己玩时，家长却总说："你都这么大了，怎么还让爸爸妈妈陪你玩，去找朋友们玩吧。""你自己也玩得很好啊，让你学习你不学，自己玩去吧。"年纪大一点的孩子让父母陪自己玩，是想和爸爸妈妈沟通交流，想和深爱的父母分享内心的想法，希望父母能够安抚自己的情绪，帮自己缓解压力。其实，想和父母一起玩耍的孩子是非常单纯的。等孩子再长大一点，他们可能在经过父母身边时都会像怕被发现什么一样赶紧逃走，到那时，家长没准还会怀念现在孩子缠着自己陪他们玩的样子呢。

> **智能手机|**
> 就像大人
> 有奢侈品一样,
> 我也想要最新款的手机

在孩子过生日或者新年的时候,若是问孩子"你想要什么礼物",小学高年级的孩子中,十人里有八人会回答想要智能手机。不知从何时开始,这种电子设备渗透了我们的生活,在亲子关系中引发了很多矛盾。孩子对父母不给自己买手机,不让自己玩手机,或是只给自己一点点时间玩手机这些事情感到不满,家长则因为孩子沉迷手机,不会控制玩手机的时长而倍感焦虑。从家长的立场上看,要尽可能晚地给孩子买手机。可是,孩子为什么这么想要手机呢?

> "我的朋友们都有手机，只有我没有，多丢人啊！如果我也能有个好手机，朋友们也会高看我一眼，就给我买一个吧。"

各位家长小时候也觉得穿耐克鞋很有面子吧，手机对现在的孩子来说也是一样，是维护自尊的一种手段。如果用非常老旧的手机，孩子会觉得很没面子，同龄人也会瞧不起他。家长可能不会这么认为，但在孩子中间真的有这样的倾向。手机对于孩子的意义和各种名牌、奢侈品对于成年人的意义是一样的。

那么要不要给孩子买手机呢？什么时候买最合适呢？每个家庭的情况各不相同，我认为还是要给孩子买的，大概在小学五年级买比较合理。几年前，我还觉得绝对不要给上小学的孩子买手机，初中也稍微有些早，但是我们需要认识到，现在一般孩子都有手机，如果孩子没有就会有很大的落差感，再说，有些信息需要用手机来确认，所以，我们可以提前给孩子买。小学低年级的孩子基本上不需要手机，但是如果父母都是上班族，需要和孩子保持联系，那么也可以给孩子买一部。这时候，我们可以给孩子买一部功能最少的手机，能接听电话就可以了。对初、高中生来说，我们可以在孩子想要的款式中买一部价格相对便宜的。

如果孩子想要昂贵的手机，我们可以这样说："大人不是因为心疼钱才不给你买的，是因为你现在还用不上那么多功能。"孩子一定会反驳说："但是爸爸也有啊。"这时候，请不要生气，耐心地跟孩子说明白爸爸的工作为什么需要手机。同时，我们也可以告诉孩子，他有了一部很昂贵的手机后会出现什么问题。小学时期有很多作业，孩子需要好好读书打好基础，如果手机的功能太多，又过于有趣，孩子会抵不住诱惑，没法好好完成作业，或者会厌倦写作业。同时，我们有必要告诉孩子："现在你需要完成作业，好好学习，而手机会妨碍你。"

在给孩子买手机之前，我们需要讲清楚几点规则，跟孩子达成一致。第一，网络上有很多有害信息，需要把它们屏蔽掉。第二，需要提前和朋友们约定好聊天的时间。孩子不停地收发信息，可能会因此无心学习。孩子收到同龄人发的消息后，如果没有回复，会被对方埋怨。因此，家长在刚给孩子买手机时就要和他约好可以收发信息的时间，也要让孩子把这件事告诉朋友，避免他们误会。家长可以让孩子从晚上 8:00 或者 9:00 开始回消息。如果孩子有哪一点没做到，就可以没收手机一天。第三，考虑到孩子的课业问题，家长要和孩子约好一天玩手机的时间不能超过一个小时。从现实的角度来看，遵守这条约定并非易事，家长要多多跟孩子沟通，为了让孩子不那么排斥，也可以全家定好共同的规则一起遵守，比如大家都把手机放在客厅里。在孩子学习、去上洗手间以及睡觉时，一定要让他把手机放在客厅。

父母还有一点要注意，青少年时期的孩子会和同龄人逐渐发展出更加深入的关系，形成小团体，这可能会让他们更加离不开手机。我们要在一定程度上理解，孩子需要在社交媒体上与朋友们交流。家长可能会抱怨："您都不知道，他走到哪都抱着手机。"我理解家长的担心，但重要的是教会孩子正确使用手机的方法，而不是允不允许孩子使用手机，要不要没收孩子的手机。家长没必要因为手机和孩子成为敌人。对青少年时期的孩子来说，玩手机是重要的休闲活动，既能与朋友交流，又能培养爱好、减轻压力、获取所有自己想了解的信息。因此，我们不能完全禁止孩子接触手机。家长遇到问题就没收孩子的手机，或者是用不给孩子买手机来威胁孩子，这并不是教育。孩子需要得到家长的帮助，并经过长时间的试错才能成长。

家长总是觉得，如果孩子今天好好遵守了约定，明天就也能做到；如果今天孩子玩的时间太久，就应该永久没收孩子的手机。请不要这样对待孩子。在没收孩子手机的过程中，家长和孩子可能会大吵，甚至发生肢体冲突，产生很多问题。其实，家长只需要在第二天孩子起床前把手机没收就好了。没收的时候不要说"这都是你自找的，你这样我没办法把手机给你"之类的话，可以说："你昨天没有遵守约定，所以今天我把手机没收了，明天我会还给你的，明天要好好遵守约定哦。"

孩子不擅长管理时间的时候，与其说"你打算什么时候去学习"，不如说"时间是有限的，你长大后就会更加擅长管理时间了，想要在规定的时间里完成更多的事情，需要有自我管理的能力"。对孩子而言，更重要的能力是自我驱动能力和自我管理能力。在教育孩子的过程中，重要的不是让孩子乖乖听话，而是让孩子具备在不同年龄段自我驱动和自我管理的能力。

暂时没收孩子手机的目的并不是惩罚，也不是让孩子为自己的错误付出代价，而是帮助孩子练习正确地使用手机。我们需要注意，我们总是会忘记给予孩子练习的时间和试错的时间。

> **视频＆电子游戏｜**
> 戒掉这些，
> 就像爸爸戒酒一样难

对孩子来说，游戏就像手机一样，很难自己控制上线时间。我认为需要把"打游戏"也看作孩子玩耍的一部分，正如我们小时候跳皮筋、扔沙包一样，现在的孩子打游戏，只是玩耍的形式发生了变化。在我们玩扔沙包的时候，如果爸爸妈妈把沙包拿走，我们也会很生气，现在的孩子在看视频、打游戏或者看漫画的时候，如果爸爸妈妈阻止他们，他们也会生气。大众媒体上并不是只有把孩子引向堕落的坏东西，如果孩子能适度接触这些媒体，他们既能缓解生活的压力，也能交到朋友。如果家长一味地不让孩子与之接触，那不仅会使亲子关系恶化，也不会对孩子起到真正的帮助作用。不过，我们小时候并不会从早到晚玩一整天，而现在的孩子会打一天游戏或者看一天视频。因此，对父母来说最重要的是"控制"。现在的游戏对孩子也有很多积极的影响，请耐心地反复教给孩子自我控制的方法吧。

有的父母可能会问，从经验上来看，控制真的有用吗？婴幼儿时期的孩子不以手机为媒介来接触大众媒体，只要父母陪着他们玩，他们便能控制住。父母在这个时期一定要定好原则，明确地告诉孩子"不可以"。重要的是，父母要做孩子的榜样，想让孩子有所节制，自己却整天抱着手机或是熬夜追剧是不可以的。对于小学时期的孩子，我们从一开始就要教给他们应该怎么使用手机，在让孩子看视频前就要告诉孩子能看多久、可以看什么内容，也要和孩子提前商量好一天可以玩多长时间手机。要尽量让孩子在父母也能看到的地方看视频。孩子年纪太小，自制力不足，看到有趣的视频很容易沉迷，因此，父母一定要能够在旁边监督。同时，父母也可以和孩子聊一聊他看过的视频，以此了解孩子喜欢的视频类型，帮助孩子养成批判性思维方式。如果让孩子用父母的手机看视频，就一定要跟孩子说清楚，手机不是孩子的玩具，而是父母的私人物品，因此使用前必须经过父母的同意，用完后必须还回来。

对于青少年时期的孩子，我们要采取别的方法。在这一时期之前，由于孩子和爸爸妈妈长期待在一起，关系也很亲密，我们只需要明确地告诉他们什么是对的就可以了。但是到了青少年时期，孩子和父母会逐渐疏远，并不是因为孩子和父母关系变差了，而是因为父母事事都想插手，让孩子产生逆反心理。在这个时期，我们应该退后几步在远处静静观察孩子，到了关键时刻，再站出来给孩子提一些简短明了的建议。因此，父母和孩子对话的方式也会有所变化。在孩子小的时候，对话的关键是"应该怎么做"，比如，当孩子摸了不能摸的东西时，要明白地告诉孩子"这个不能摸"。但是，青少年时期的孩子已经知道了这些道理，与其告诉孩子怎么做，不如用劝说和建议的方式说："这样做可以吗？""我希望你能这样想一想。""还是等饭来了一起吃吧。""下次可以好好想想吗？"父母用这样的语气说话，和孩子的矛盾会大大减少。

下面，我们来具体谈谈孩子"打游戏"的问题。到底怎么控制孩子打游戏的时间呢？家长在解决这个问题时，绝对不要先想着"不允许孩子打游戏"。孩子对于游戏的事是这样想的：

"我知道我打游戏的时间太长了，但是就像爸爸戒烟、戒酒失败，妈妈减肥失败一样，这真的很难克制，就算我想要克制也做不到。"

如果我们完全禁止孩子在家里打游戏，那么他们就可能偷偷去网吧，如果为了防止他们去网吧而减少零花钱，他们就可能会为了弄到钱而惹出其他麻烦。即便有朋友愿意每次都请他们玩，孩子也会觉得很伤自尊。孩子还会去家长白天不在家的朋友家里玩。因此，比起禁止，更重要的是要教会孩子如何自我控制。我们需要和孩子立下一些可行的约定，让孩子自己控制玩游戏的时间。

我曾遇到过游戏成瘾的孩子。如果我上来就问他如何看待爸爸妈妈要求他减少打游戏的时间，孩子会觉得自己没必要克制，甚至不愿与我对话，所以我一开始没有问"你不觉得应该少打点游戏吗"，而是先用轻松的语气问他对游戏的看法，对孩子喜欢的游戏表示关心："你觉得玩游戏有意思吗？最近在玩什么游戏呢？"在跟孩子一起聊了他喜欢的游戏后，我会问问他觉得自己打游戏的时间长吗，孩子如果觉得长，我会接着问："那你觉得应该减少打游戏的时间吗？"如果孩子点头，我会说："我看了一下你打游戏的平均时间，每天大概是四小时，你觉得减少到什么程度自己能做到呢？你自己来定吧，定一个自己能做到的时间。"如果孩子回答"两个小时"，我会诚实地说："再延长一点吧，我觉得一下子减半对你来说有点难。你觉得几个小时是自己一定能做到的呢？"孩子说："两个半小时？"我会继续建议："不够，可以再延长一点。"孩子问:"那三个半小时呢?"我会说:"我觉得三个小时四十分钟不错。"大部分孩子会对我说:"不用啦,三个半小时我一定能做到的。"就这样,孩子自己说出了自己可以遵守的时间。

然后我会对家长和孩子说,请沉下心来,千万不要急躁,等两周之后再来咨询,并且我会对孩子说:"在这两周内,你每天只能玩三个半小时,这是我和你妈妈一起给你布置的作业。"我还给了孩子和孩子妈妈每人一张画着表格的纸条,如果孩子只玩了三个半小时,就在表格中画"○";如果超时了,就在表格中画"×";如果孩子不情愿地关了游戏,就在表格中画"△"。孩子和家长各画各的,如果两个人画的结果不一样,也不能吵架,各自把表格填好后带来就可以了。如果家长说"吴院长,我们家孩子一定会死犟自己是对的",我会让家长和孩子把孩子开始打游戏和结束游戏的具体时间也写下来。

两周后,有很多孩子并没有填我布置的表格,我会对他们说:"这是你需要再努力一点的地方,下次一定要填好了带来哦。"下一次,孩子果然填好了带来了。就这样每隔两周观察一次,我们发现表格里的"○"越来越多,曾经可能只有一个"○",现在增加到了三四个。我会称赞孩子说:"十四天里你有四天都做到了呢，真棒！"孩子可能会害羞地说："我已经很努力了。"我会笑着再次夸奖孩子："嗯，这才是最重要的。"下次孩子再来的时候，我会问问他是继续按照三个半小时执行，还是要缩短一点时间，如果孩子觉得三个半小时已经可以了，那就按照他说的做。

缩短打游戏的时间需要慢慢来，孩子可能要好几个月才能完全达到目标。要想培养孩子的自制力，就要让孩子获得一些成功的体验，以提高他们的自我效能感。这是适用于游戏成瘾的孩子的原则。绝对不要强制孩子"你只能玩一小时"。如果在他们没做到时就惩罚，状况是不会改善的，孩子甚至会产生"破罐子破摔"的心理。只有让孩子自己控制游戏时间，状况才会改善。

一开始让孩子自己决定打游戏的时长的时候，也不要问："你不是要缩短打游戏时间吗，缩短到几小时？"这样的话孩子会产生叛逆心理，反问："我为什么要缩短？"我一般会问孩子："你觉得自己需要缩短打游戏时长吗？你怎么想的呢？"我问的时候不会提前替孩子判断，我会这样问："有的孩子比你打游戏时间还长，有的孩子比你时间短，你觉得现在打游戏的时长合理吗？你认为需要克制吗？还是觉得可以玩更久？你是怎么想的呢？"这样孩子会整理好自己的想法再表述。只有先倾听孩子的想法,才能开始对孩子有帮助的对话。

如果在过去一年中孩子打游戏已经影响了日常生活和学校生活,或是持续引发某些问题,请自行对照下表检查一下。

- 1. **经常想起游戏**（一直在想之前打过的或是之后要打的游戏，打游戏成了日常生活的主要活动）；
- 2. **打游戏的时间变长，更频繁地打游戏，在游戏中取得更高段位或得到更多装备时会感到心满意足**；
- 3. **被迫中断游戏或是被要求缩短游戏时长时，会坐立不安、情绪低落**；
- 4. **会为了逃避其他问题而打游戏**（有家庭问题，承受着学业压力，充满抑郁、不安、自责等消极情绪）；
- 5. **孩子自己、家人或者监护人都曾为了缩短孩子的游戏时长而努力，但均以失败告终**；
- 6. **知道沉迷游戏会引发心理问题和人际关系问题，但还是无法克制**；
- 7. **为了打游戏曾对家人或者他人撒过谎**；
- 8. **在不知不觉中，打游戏的时间逐渐变长**；
- 9. **持续打游戏引发了身体问题，但依旧不管不顾**；
- 10. **游戏支出过多**（花掉了大部分零花钱）**或是为了支付游戏费用借钱、偷钱**；
- 11. **除了打游戏之外没有其他的爱好和休闲活动**；
- 12. **由于沉迷游戏，在人际关系、工作、学习、家庭等重要方面无法扮演好自己的角色或是经常受到指责。**（比如，由于打游戏经常迟到或者逃课，对学业或家人毫不关心。）

* 摘自全弘镇，《网络、游戏、智能手机成瘾的综合诊断评价工具》，成均馆大学医学院三星首尔医院·保健福祉部精神健康 R&D 事业团，2018 年。

如果孩子的表现符合以上 3~4 项，则轻度游戏成瘾；5~6 项，则中度游戏成瘾；7 项及以上，则重度游戏成瘾。请将测试结果直接给孩子看。

一般来说，对于婴幼儿时期的孩子，家长可以完全禁止孩子玩游戏，直截了当地警告孩子"不可以"就行了。虽然一开始孩子可能有些不情愿，但爸爸妈妈陪孩子玩几天后，孩子就忘记了。对孩子来说，合理的游戏时长是多久呢？对于小学生和初中生，看电视、用网络查资料、手机聊天和打游戏的时间总计不要超过两个小时。高中生学习任务繁重，每天最好不要超过一个小时，但为了学习或者做作业而进行网络搜索、聊天或看视频的时间不应该计算在内。

关于孩子爱打游戏的事，我还想再叮嘱各位家长几句。请从现实的角度承认，打游戏已经成了孩子玩耍的一种形式。正如喝酒并不等于酒精中毒，打游戏也不等于游戏中毒。如果看到孩子玩手机或是打游戏就觉得孩子已经"游戏中毒"，家长便无法教给孩子道理，也无法和孩子实现顺畅的沟通。虽然酗酒的人需要接受治疗，但是，没有人会在看到酒瓶的一瞬间就想到"酒精中毒"并感到不安。所以，我希望各位家长在看到孩子打游戏的时候不要过度紧张，另外，也请不要因为孩子打游戏的时间太长就不分青红皂白地批评孩子。

> **与爸爸妈妈的"约定"｜**
> **总是说"不是说好了吗",
> 这让我很郁闷**

一天,爸爸妈妈正要带孩子出去买玩具,出门前,爸爸妈妈在玄关处环视客厅,看到孩子的玩具乱糟糟地丢在地上。孩子之前答应过,自己的玩具一定会自己收拾,所以,爸爸妈妈要求孩子按照说好的那样把玩具整理好。孩子这会儿满脑子只想着买新玩具,爸爸妈妈却说如果不快点收拾,就不会再买新玩具了,于是孩子只能委屈巴巴地去收拾玩具。此时,孩子是怎么想的呢?

"约定真是个很可怕的东西,妈妈每次一说'不是说好了吗',我就无话可说了,好像突然什么都是我的错,我会觉得很无力,但是,我并没有同意她所说的约定啊。妈妈所说的'约定'大多数情况下都是她按自己的想法单方面决定的,如果我不遵守,我就成了坏人。如果妈妈问我是不是没遵守约定,我该怎么回答呀?"

父母为了催促孩子,常常会说"我们不是说好了吗?你不遵守约定的话,我也不会遵守的",然后就会像前面提到的那样,不给孩子买新玩具。这样做得让孩子多伤心啊!父母在这件事上要懂得变通,此时应该先确认孩子的心情,灵活处理,可以对孩子说:"你的玩具应该自己收拾,等我们回来你自己收拾吧。"立下这个"约定"是为了教会孩子整理自己的东西,而不是为了"约定"而"约定",因此,实现的顺序稍微变换一下也是可以的。听了这些话,有些父母会感到好奇:"但是孩子回来后可能也不会收拾,那不就成了说话不算话吗?"在这种情况下,比起遵守约定,父母更要教会孩子自己的玩具应该自己整理。一次或许无法教会孩子这个道理,家长要不停地教他们,直到他们学会。

育儿的过程中会发生很多问题,每次的核心和重要的方面都是不同的。不懂得变通的家长会非常担心,若是由着孩子来，会丧失原则，因此才每次都强调"不是说好了吗"。孩子听了这话压力会非常大，由于"遵守约定"是个不可动摇的原则，即便他们不情愿，也只能乖乖听话。孩子会因为自己的需求没有被满足而感到很失落，甚至会因此感到自责。

试想一下，若是上高中的孩子对父母说："我真的心情糟透了，爸爸怎么能……"父母听了这话后说"你怎么能对生你养你的父母这样呢"，那孩子以后就什么都不想说了。这是因为孩子知道，"子女应该孝顺父母"和"父母都是爱孩子的"这两个说法是无法辩驳的。"约定"也是一样的。当爸爸妈妈提到"不是说好了吗"这个大前提时，孩子就没有辩驳的余地了，只能按照爸爸妈妈说的做。但是人生在世，有些约定是很难遵守的，父母自己也是一样。总跟孩子强调约定的父母，等到他们违反约定的时候，孩子就会很愤怒，导致激烈的冲突。

有个小学二年级的孩子在我这里咨询了三四年，现在状态已经好转了很多，年末时他又来找我，我对他说："你今年过得不错吧，快新年了，有什么话想对爸爸妈妈说吗？"孩子回答："有的。"孩子说了件关于"大王派派乐"的事，爸爸妈妈三年前就说了要给孩子买，但到现在都没有买。我为了确认孩子说的是不是真的，特意去看了孩子三年前的记录，发现前年和去年的记录表里都提到了"大王派派乐"。我在和孩子的爸爸妈妈交流时提到了这件事，他们说那天有更重要的事，就把这件事忘记了。"大王派派乐"是韩国 11 月 11 日这天热卖的一种点心，看来孩子的父母三年间都错过了这个日子。于是我对孩子说："派派乐的种类有很多，明年让爸爸妈妈给你买好几种放在一个盒子里怎么样？"孩子听后"扑哧"笑了，我当着孩子的面对他的父母说："今年就这样了，明年一定要记得给孩子买哦。"

父母其实也经常会忘记和孩子的约定，这些事对父母来说可能没那么重要，但是对孩子是很重要的，父母没有用心倾听孩子的话。家长平时越强调"约定"，在忘记这种小"约定"的时候，孩子的心里越难受。

那么，教给孩子要遵守约定不重要吗？当然重要了，这也是父母需要教给孩子的。我想说的不是"约定"不重要，而是父母不管是在什么情况下，不论是在教孩子什么道理，都喜欢在后面加上"说好了"几个字。正如前文所说的，如果父母想教给孩子"你要自己整理自己的玩具"这个道理，那直接告诉他就好了，可父母却总爱说"自己的玩具自己整理，说好了"。孩子大喊大叫的时候，明明说"不要吵，妈妈听得见，以后不要尖叫，小点声说"就可以了，父母却总爱说"下次不要尖叫，说好了"。这样是没办法教会孩子道理的，因为父母太纠结于"约定"了，以至于无法灵活处理当前的问题。

父母需要教给孩子很多道理，大部分道理不是一次就能学会的，因为孩子即便能理解当前的状况，也无法一次就适应，因此，父母需要多次教育孩子。但如果涉及"约定"，父母就不愿意多次包容孩子犯错。他们明知孩子要经过反复试错才能学会道理，但还是无法放心，担心孩子只是失误一次也会成为"不讲信用的人"。实际上，孩子在实践的过程中发生失误或者错误都是正常的，只有这样，他们才能把这些道理内化为自己的品质。

说实话，很多父母是为了让孩子按照自己的意志行事、控制孩子，才跟孩子"约定"的，"约定"只是父母向孩子强调的规矩。如果"约定"多了，孩子要遵守的规矩也就变多了，他们会觉得身心俱疲。我经常叮嘱青少年的父母，不要给孩子制定太多规矩，尤其是当和孩子产生争执时，父母为了让孩子遵守规矩可能又会立下其他的规矩。我们只需要和孩子约好他们必须遵守的事情，其他的事要和孩子协商。和孩子立下"约定"也需要和孩子协商，不能只是单方面地做出指示，否则就会出现父母觉得自己和孩子"说好了"，但其实孩子内心根本没有接受的情况。当父母提出不切实际的"约定"时，孩子虽然满口答应，却会用实际行动去反抗。但是，如果所谓的"约定"是个不能动摇的大前提，即便不可能实现，孩子在"违约"后也会产生挫败感，觉得自己的效能感下降。所以，即便是为了培养孩子的自律性、责任感或自我效能感，父母也应从实际的角度制定孩子能够遵守的"约定"，变通地处理各种问题。

关于孩子回家时间的"约定"也是一样的。孩子6点钟出去见朋友，家长说"7点前回来"，这样的"约定"孩子很难遵守，更好的办法是在孩子出门前问他："你几点之前能回来呀？"如果孩子回答"8点"，我们可以问："嗯，从朋友那里回家要多久啊？"孩子回答"40分钟"。我们可以帮孩子计算一下时间："除去路上的40分钟，你就只剩下1小时20分钟了，会不会有点赶？"孩子可能会问："那10点可以吗？"此时，我们可以从实际的角度与孩子约定："10点太晚了，今天9点回来吧，在外面玩2小时20分钟，下次再找时间和朋友聚。"我也会对孩子说："如果你觉得自己做不到，可以直接告诉妈妈。"孩子有可能会回答："那样妈妈就不会让我出去了。"我会建议孩子："出去之后再给妈妈打电话或者发消息说'妈妈，我想了想，没法按时回家，但我也想要遵守约定，9点之前我一定会回家的'。"我会告诉孩子，说完之后一定要遵守约定，这样父母才会更加信任他们，而他们也能培养起自律性和自我效能感。

对于"一贯性"的问题,我想再多说几句。父母认为"一贯性"是指严格遵守曾经定好的规矩,他们觉得对于定好的规矩,无论是谁、在什么情况下,都应该遵守。但"一贯性"还有更深、更广的含义。在父母制定的规矩上保持"一贯性"只是基础,更重要的是,要在"帮助孩子成长得更好"的大原则上保持一贯性。

父母应该好好观察孩子,为了让孩子相信自己有某种能力,父母要持之以恒地帮助孩子,这才是"一贯性"的最根本的概念。为了达成"帮助孩子好好成长"的目标,父母要把握好应用"一贯性"原则的度。

最后,我们还应该思考的是:为什么我们会在教育孩子的时候立下那么多"约定"呢?有的大人在减肥时会跟自己约定"我一个月内要减掉多少斤""我今天一粒米都不会吃",但是这很难实现,于是这一整天他们都会因为觉得自己违反了约定而倍感自责。那么,到底为什么要"约定"呢?这是因为那件事对自己而言非常重要,要用"约定"来彰显其重要性。同理,父母和孩子立下约定不只是为了控制孩子,也是希望能够教会孩子某些道理,希望孩子能够学会后付诸实践,所以才非要用上"约定"一词。但是比起"不会整理的人","不遵守约定的人"这个标签更加沉重,会给孩子造成很大的心理压力。如果父母跟孩子做了太多"约定",不仅孩子会觉得很累,父母的心情也会不好。

我个人认为,不仅仅是在育儿中,在日常生活中除了和朋友约好几点在哪里见面之外,也应该尽量少用"约定"这个词。"约定"是一个原则,类似于"不能伤害他人",是人人都要遵守的。如果把日常小事都当作"约定",就会让所有事都显得很沉重,没有遵守约定的人甚至会由于无可奈何的状况陷入自责。我们常用的"约定"一词,本应是生活的目标和方向,是努力的动机,也是我们的希望,如果滥用了这个词,一旦我们没有做到哪件小事,我们就会觉得自己是违反约定的不值得信赖的人。

所以,我恳请家长不要经常对孩子说"约定",可以说:"这非常重要,希望你一定要学会,希望你能听进去。"对我们自己也是一样,比起和自己"约定",我们可以对自己说:"希望你以后能朝着这个方向努力。"在减肥的过程中,如果我们哪天多吃了点,那第二天再次开始坚持就可以了。我们和孩子一样,都需要经历长时间的试错,才能取得进步,虽然不能一次性成功,但每次都进步一点点,也足够了。

让孩子心累的家长类型 ①

可怕的爸爸妈妈

世界上有很多可怕的人：可怕的大叔、可怕的前辈、可怕的不良少年、可怕的诱拐犯、可怕的小偷、可怕的班主任……但是爸爸妈妈为什么会"可怕"呢？对孩子来说，父母应该是世界上最好、最让人有安全感的人呀。

一般来说，孩子害怕的父母有两种：一种是暴力型、经常生气的父母，另一种是过于严肃的父母。这样的父母和孩子之间会竖起铜墙铁壁，父母会给孩子一种无法接近的距离感。其实，"害怕"本身就是一种压力，如果孩子害怕父母，他就要一直带着这种压力生活。

暴力型父母问题太多了，不是给些建议就能改变的。经常生气的父母中，有的人已经知道了自己的错误，在发火后会感到后悔。此时，这些父母应该尽快向孩子道歉，告诉孩子自己后悔了。不过，孩子心里可能会想："每天只知道这么说，以后还是会对我发火。"请了解孩子这样的想法，然后对着孩子诚心诚意地道歉。家长可以这么对孩子说："爸爸也在努力控制脾气，只是没控制住，爸爸会更努力的，对不起啊，对你发脾气了，爸爸一定会改正的。"我们可以坦诚地告诉孩子，父母也有控制不住自己情绪的幼稚的一面。

对孩子来说，过于严肃的父母跟暴力型、经常生气的父母一样可怕。不管孩子多大，哪怕是已经过了 20 岁，如果父母看孩子的时候冷冰冰的没有表情，不常跟孩子沟通，总是一副很深沉的样子，孩子也会感到不幸福。有的家长会说："表情放松有这么重要吗？我作为父母，想让孩子好好长大，在背后支持他，努力工作养育他不就够了吗？我还要去配合孩子的喜好吗？"父母应该是世界上给孩子最多爱的人，如果父母过于严肃，就很难和孩子进行情感上的交流，这对孩子是一种伤害。

如果父母过于严肃，不与孩子进行积极、温暖的情感交流，年纪小的孩子可能会误以为爸爸妈妈不爱自己，而年纪稍大一点的孩子也不能感受到父母的爱。孩子长大后会说："爸爸妈妈已经尽了该尽的责任，他们并没有对我不好，我没有可以埋怨他们的地方，但是我真的感受不到他们的爱。"父母听了可能会感觉很委屈，但是孩子只有感受到父母的爱，和父母关系好，才会感到幸福。所以，从现在开始请努力对孩子温柔一点吧。父母可以多做一些练习，比如看着镜子练习温柔地讲话、面带微笑地讲话，或是开心地笑。父母如果太严肃是无法与孩子亲近的，而在养育孩子的过程中，孩子和父母变得亲近是最重要的。

爱哭的妈妈

父母不能只在孩子面前展现笑眯眯的样子,父母也需要真实适度地表现喜怒哀乐,只有这样,孩子才能从中学会认知情感。如果是在看电影时哭泣,或是因为同情他人落泪,即便父母很爱哭,孩子以后伤心的时候也能够理解这种感觉并感同身受一起流泪。我们这里说的"爱哭",是指由于解决不了问题而大哭,因为夫妻关系不好、生活不幸福而哭等等。

妈妈经常哭的话,孩子会一方面觉得妈妈可怜又不幸,另一方面又觉得很看不起这样的妈妈。大人总是对哭闹的小孩说:"别哭了,好好说话,一直哭的话我不知道你到底想说什么。"同样,如果妈妈哭着诉说,孩子也根本不知道妈妈到底想对自己说什么。

孩子希望父母是比自己强大的人,在遇到困难的时候能够好好处理问题,自己能从父母身上学到东西,从他们那里得到指导。但是如果妈妈总是哭,孩子就不会有这样的想法了。如果妈妈是因为爸爸哭,孩子可能会对爸爸产生愤怒的情绪和敌对心。孩子一方面会心疼妈妈,另一方面又会觉得和那样的爸爸生活在一起的妈妈很愚蠢。如果妈妈是因为孩子哭,孩子会产生负罪感。

总在孩子面前哭的妈妈是柔弱的,哭是因为解决问题的能力不足,不知道在当时的状况下应该如何表达自己的情绪,就像小孩子生气、烦躁、悲伤时都会哭一样。爱哭的妈妈需要思考下自己一般是在什么情况下掉眼泪,哭的时候是什么心情,可以用数字表示一下情绪的等级,进行一些区分、处理情绪的练习。

强势的爸爸

当父母想把孩子培养成坚强的人时，孩子更可能具备相反的特性，长成小心翼翼、胆小怕事的人，或是异常敏感不安、不能坦然面对挫折、容易放弃的人。如果爸爸以锻炼孩子为名，对孩子过于强势，爸爸对孩子来说就可能会变成攻击者。本来就承担了世界上所有压力的柔弱的孩子在受到爸爸的"攻击"后会变得更加弱小，根本无法变得强大。

很多爸爸爱说："像他这样的孩子，就得多吃点苦才能坚强起来。"爸爸之所以这样说，是因为担心孩子在这险恶的世界上没法生存，于是要自己训练孩子。此外，有的爸爸是这样想的："为了让孩子知道这世上还有非常奇怪、刁钻、险恶的人，不如我来让他体验一下。"爸爸觉得，如果一直无视现实，把孩子当作温室里的花朵呵护，孩子步入社会后就一定会被现实击垮。

但问题在于，胆小怕事或是容易不安，是孩子天生的特性或弱点，家长要充分考虑到这一点才能最终让孩子的内心变得坚强。请别误会，内心变得坚强并不是让孩子变得强势，而是让孩子清楚地了解自己的特性并顺利适应环境，让孩子能够自行调整、取长补短。说实话，就算孩子小心翼翼又怎样呢？小心翼翼地生活也不错，只要能够保持自己稳定的状态，按照自己想要的方式生活，在生活上没有什么大问题就可以了。

我们要善于接纳孩子的弱点，这样才能认清他们的缺点，才能真正地思考如何帮助他们成长。

父母养育孩子是为了让孩子过得幸福，没有必要成为孩子的体育老师、健身教练或是教官。当然，父母也需要告诉孩子："你在这方面可能会感到吃力，这不是一两天就能变好的，如果多加练习，以后在面对外界刺激时，你可以少受点伤害。"但是，在养育孩子的时候要时刻记得，让人脱掉衣服的不是北风，而是温暖的太阳。

事事讲条件的爸爸妈妈

当父母对孩子说"把作业做完后才可以看电视"时，意思是"看电视不重要，做作业才重要"，但是孩子把这话理解成了"想看电视的话得做作业"，也就是"满足了这些条件后就能看电视了"。这样，孩子反而会在看电视上花更多心思。

很多父母会说："你做完作业就可以玩游戏了。"此处的"玩游戏"可以替换为其他甜头，而孩子会一直想着甜头，甚至为了得到甜头而做作业。只是孩子会想："我只想要甜头，妈妈为什么要跟我讲条件？直接把甜头给我不行吗？"

如果父母希望孩子完成自己应该做的事，那应该从一开始就告诉孩子"不管有什么事都应该先把这个完成"。父母可能认为谈条件会让孩子更有动力，但其实这只是暂时的。一来二去，孩子做完自己该做的事后总想获得些附加的东西，目的就变了。

如果是真正怀着内在动机要做的事情，我们应该不添加任何条件地对孩子说"这是你现在应该做的"。讲条件只适用于双方通过妥协可以改变的事情，例如："现在去医院的话，因为等待的人少，可以早点看完病，多玩一会儿。怎么样？要是去晚了，排队的人会变多，所以待在医院的时间会变长，这样你就得少玩一会儿。你想怎么办？"

不要拿孩子必须做的事跟孩子讲条件，比如吃饭、学习等。如果父母事事讲条件，孩子就会觉得父母的爱不是无条件的，孩子容易产生误会，认为"如果我没做好，妈妈就不爱我了"。

Chapter 5

孩子的心情会释放
信号

> 不安、孤独、委屈的时候，
> 孩子会感到内心疲惫

有个刚上小学的女孩曾对我说："因为妈妈，我压力真的很大。"孩子正确地用了"压力"这个词。事实上，我们使用带有"紧绷绷，紧张"意思的外来语"压力"一词还不到100年。"压力"一词意为，我们由于无法承受外界或者内部的刺激而感觉到不安。"压力"通常可以被看成所有疾病的根源。这个小女孩说出"压力"一词，暗示了她有"烦躁、郁闷"的情绪。

这个孩子为什么压力大呢？她告诉我，她妈妈说"快点换衣服"，她正准备换，还不到 5 秒钟，妈妈又过来催促："不是说了让你快换衣服吗？还不赶紧换！"她说妈妈在所有事情上都是如此，下命令让自己做什么之后就要发脾气问为什么不赶紧做。有时候，妈妈说"快换衣服"，孩子正在换衣服，妈妈又跑来说"快去收拾书包"，于是孩子想着换完衣服赶快去收拾书包，不一会儿妈妈又走进来说："你看你又没听话，我不是说了让你收拾书包吗，怎么还不收拾？"孩子终于忍不住反驳："正要去做呢，为什么总是对我发脾气啊！"妈妈说："因为我每次说完你都不听呀。"孩子觉得很委屈，因为她只是动作慢，并没有不听妈妈的话。

孩子还经常会因为和学习有关的事情感到委屈：自己真的已经在很用心地学习了，可成绩就是没有提高。老师或者父母会说："你不好好学习，以后可怎么办啊？"太委屈了，这是孩子最伤心的时刻。父母和老师不仅没有给予孩子帮助，还因为误会让孩子更加委屈了。我在书里举了那么多关于"孩子的心声"的例子让家长学习，就是希望能够减少孩子这样的委屈。本来，父母或老师说这句话的初衷是希望孩子能够更加努力地学习，但因为误会，他们的话给孩子的内心造成了伤害，孩子在内心不舒服的情况下是没有办法用心学习的。

了解"孩子的心声"不只是为了孩子,也是为了减轻父母的育儿负担。如果父母能知道孩子也想好好学习并且已经尽了最大努力,以后在同样的情况下就可以说:"你努力学习了,但是成绩还是不太好,我们一起找找原因吧?妈妈希望你付出就能有收获。"在对孩子发脾气之前先想想怎么帮助孩子解决问题,这是父母在了解了"孩子的心声"后应该做的。

家长做的让孩子感到委屈的另一件事是,总喜欢根据孩子以前做过的错事对孩子"贴标签"或是推测孩子的行为。父母应该独立看待并解决孩子的问题,不要想孩子以前是怎么做的,因为孩子并不总是那样做。这次孩子明明没有那样做,父母却翻旧账批评孩子,这样,孩子对父母的信赖感会降低。另外,父母需要理解并认可当下流行于孩子之间的文化,如果孩子的某个行为是绝大部分同龄人会做的,那就应该尊重他们的流行习惯。

非常小的孩子在感觉不到安全时会很恐慌,对于打破自己安定感的事情会感到不安。没有得到父母的用心照顾或是父母经常吵架时,突然有了陌生经历的孩子会很难受。进入新的成长阶段时,孩子也会由于安全感满满的前一阶段不复存在而感到有压力。

在父母指责孩子的时候，孩子情绪上的安全感也会破碎。父母觉得这是家庭教育：让孩子坐下的时候说"要坐直"，孩子坐直后说"腰也要挺直"，在孩子吃饭的时候说"不要掉米粒，不要挑食"，孩子不爱吃饭的时候说"为什么不吃"，看到孩子吃多了就说"怎么吃这么多"，孩子哭的时候会说"为什么成天哭哭咧咧的"，孩子不哭的话会说"这孩子怎么那么冷漠"。父母每次都有理由，孩子觉得自己事事都受到指责，从而倍感压力。父母要练习只说当下的事情，如果想一次把所有的事都教给孩子，结果就会变成指责和唠叨，这样没法教育孩子，只会伤孩子的心。

把孩子培养好，就是把孩子培养成一个情绪稳定的孩子。要想做到这样，就要对孩子的反应有敏锐的感觉。同时，家长要考虑一下说某句话的时候，孩子的心情会是什么样的。这并不是说要讨好孩子，而只是对孩子应有的"关怀"。我希望大家能多思考一下如何"尊重"孩子。

把负面情绪说出来，才有利于心理健康

前四章讲了很多让孩子心累的事，其中孩子的诉求、心情、立场、心声可能会让家长惊慌失措，因为令孩子不适的消极情绪都被如实地呈现了出来。我们需要多做一些练习，让自己能够淡然接纳孩子的这些情绪。

当孩子表达不适或者表现出消极情绪时，我们经常会把孩

子当成坏孩子，或是觉得孩子在跟我们顶嘴，因此，我们总会采取两种应对方法，要么直接强迫孩子闭嘴，要么用冷暴力应对，以此来阻止孩子再次宣泄负面情绪。强迫孩子闭嘴，孩子会产生"不至于这样吧……真是小题大做"的想法，而用冷暴力应对，孩子会想："即便我说出了心里话，也没人能够帮忙，结果也不会改变。"这样一来，孩子日后根本不愿再开口倾诉了。真正严重的是，孩子会觉得跟任何人表露负面情绪都是一件丢人的事，而在对着有"权威性"的长辈时就更难开口了。

负面情绪不会因为压抑而消失，它只会演变成一种压力：不是孩子嘴上说的那种压力，而是严重到需要接受治疗的压力。这种压力积压得久了，可能会以另一种形式表现出来，比如过激的情绪表达方式，或是身体上的疾病。压力可能导致许多"压力性"或"神经性"的疾病，比如神经性头痛、神经性肠胃炎等。

孩子上学后，父母会开始担心孩子在学校被排挤或受欺负，因为每年都有很多孩子出于这些原因选择轻生。做出极端选择的孩子大多是善良且弱小的。这些孩子为什么不反抗，只是默默忍受同学们的欺负呢？被打了就要还手，这是人之常情，这些孩子为何做不到呢？

许多父母因为孩子太善良而感到担忧，当我夸孩子"真乖"时，他们会说："吴院长，我真的很讨厌听到别人夸我的孩子乖或者听话。"但是，"人之初，性本善"，乖并不是错，孩子的问题是，在发生冲突时不知道该怎么合理解决。那么，这些孩子为什么会这样呢？这是因为父母总是在教育孩子的过程中反复强调"做人要善良"。当孩子说"好想打人，我好生气"的时候，我们会教训孩子说："做人要善良，不能有那样不好的想法。"当孩子听完父母的话，表达自己的不同观点时，我们会教训孩子说："跟谁顶嘴呢？你应该听话。"我们教给孩子的这些真的是"善良"吗？我认为不是的，从某种程度上看，这其实是一种"形式化的美德"。在遇到冲突的时候，我们要敢于说出自己的意见，但在这样的教育方式下长大的孩子就做不到这一点。当父母觉得孩子是在"顶嘴"时，孩子就很难忽略父母的脸色，如实表达自己的想法了。

我并不是要教孩子变得无礼，我只是想说，孩子需要大胆一点，才能更好地应对生活中的冲突，而父母需要帮助孩子练习胆量，只有这样，孩子在遇到困难时才不会害怕，才能够坚强地面对。其实，胆大也是一种"自尊心"的表现，比如，当有人污蔑孩子偷东西时，孩子可以堂堂正正地质问："你有证据吗？竟然污蔑我偷东西。"但是，在成长过程中，总听父母强调"要善良"的孩子就做不到这一点。

"绝对不能和朋友打架""就算被朋友打了也要好好相处""一定要听老师的话""不能跟爸爸妈妈顶嘴""不能说脏话"……这些话并没有错，但问题在于，孩子在成长中会遇到很多不同的状况，这样教出来的孩子会很难在遇到冲突时好好解决问题，他们不懂得如何保护自己。父母要教孩子直面所有状况，当然，父母自己也要做到。面对亲子关系中的矛盾时也是如此，当孩子对爸爸妈妈大喊大叫时，不要训他说"你冲谁喊"，而是应该说："你觉不觉得最近跟妈妈讲话的语气有些冲啊？你最近有什么不满的事吗？有什么想说的话吗？有什么想法可以告诉妈妈，大喊大叫不是一个好办法哦。"

当孩子表达负面情绪时，很多家长会变得比孩子情绪更差。一旦出现矛盾，父母总会选择逃避，即便类似的问题发生过多次，这些父母也依旧不知道该怎么处理。这样一来，当遇到问题时，孩子也不会想办法解决，而是会想要逃避。等日后进入职场，由于小时候没能学会在面对矛盾时如何表达情绪，孩子只能逃避压力畏缩不前，影响事业发展。

有的父母说："我喜欢看孩子笑，希望孩子一直幸福。"但我会担心，这样的父母会不会让孩子无法直面自己内心的负面情绪呢？在孩子成长的过程中，父母和孩子之间是不可能完全没有冲突的。如果一次争吵都没有，或许是因为双方都忍住了，将不满意的情绪憋在了心里。我经常说，在教育孩子时，不发脾气是很重要的，但我这么强调的首要原因是，我希望父母不要过度地向孩子展现愤怒。不加节制地发火才是问题所在。父母发脾气对孩子真的非常不好，但我也不是说绝对不能发脾气，一个人一辈子怎么可能不发脾气呢？孩子也要学习在具体情况下适当地表达自己的愤怒。

有的父母觉得"他只是个孩子而已，我不需要理解他"，或是"我怎么知道他开不开心啊，算了吧"。这种态度对孩子的发展是非常不好的。如果孩子连在面对父母时都不能好好聊聊自己不开心的事，那么在其他人面前，他们就更无法开口了。如果父母也感到不适或惊慌失措，那么可以对孩子说："爸爸妈妈现在需要确认一下这到底是怎么回事。"如果孩子有哪里做错了，父母可以直接告诉他，同时，父母也应该好好倾听孩子的心里话。这样，孩子才能成为心理健康的人。

孩子在承受压力时，一定是需要帮助的

假设公司里有个上司总是刁难下属，对此，人们的反应会各不相同。有的人会通过喝酒来缓解压力。有的人自从这位上司上任就经常身体不好，没来由地肠胃不适、头疼欲裂。有的人经常去洗手间。也有的人经常在上司背后说他坏话："他真的很奇葩吧。"当然，还有的人看起来若无其事，却在某天突然递上一封辞职信。

在这种情况下，善于缓解压力的人会把糟糕的心情讲给他人听。"我好烦啊！是我对这位新来的经理太敏感了吗？"如果对方也擅长缓解压力，就可能会这样说："不是啊，我跟他相处也很困难。"这时，两个人可以接着讨论："是吧！应

该怎么办呢？经理也是新来的，还没适应，我们应该再多点耐心吗？还是直接去找他沟通？"当然，对方也可能说："你好像是有点过于敏感了。"那我们就要思考一下"我为什么会这样呢"。这是心理健康的人缓解内心压力的方法。

这段对话中包含了缓解压力的各种方法：直接进行情感表达（"我好烦啊"），表现出对他人的体谅（"经理也是新来的，还没适应"），提出问题（"应该怎么办呢"），帮对方分析（"好像是有点过于敏感了"），以及自我反思（"我为什么会这样"）。其实成年人里能进行这样的对话的人也不多，只有情商高的人才能这样交流。压力一般都是由情绪表现出来的，提高情商对增强抗压能力至关重要。

孩子的各种压力都需要父母来帮着缓解，这也是因为压力会通过情绪表现并释放出来，而孩子现在的情绪认知能力还不够，无法好好缓解压力。孩子很难跟爸爸妈妈说清楚"我现在因为什么很烦"，也很难得出"爸爸的性格让我感到不适"或是"我和朋友各自的性格导致了这样的事情发生，现在开始应该这样做"之类的结论。别说是幼儿时期的孩子了，就连青少年时期的孩子都不一定有完全成熟的情绪管理能力。很多初、高中生在这方面并没有发育成熟，不会朝着积极的方向缓解自己的压力。但如果父母的情商高，当孩子感觉有压力时，父母就能像前文的"朋友"一样解读孩子的心:"妈妈觉得你最近心情不太好呢。"然后,父母要多多倾听"孩子的心声",接纳孩子的情绪,并试着做到感同身受,帮助孩子更好地缓解压力。

父母需要时刻关注孩子的心情,在孩子年纪还小的时候,父母就是孩子的"另一个自己"。当孩子遇到困难时,父母不能只说一句"要努力啊"就不管了,父母要站在孩子身后,帮助孩子调整步伐。比如,当孩子学习用筷子时,父母应该握住孩子的手,反复教他用筷子的方法。教孩子处理情绪上的问题也是一个道理。"爸爸遇到这样的事也会非常生气的。"我们要像这样学会猜测孩子的心情状态,并直接替孩子说出他的感受,这样孩子就能明白:"啊,原来我是这样想的啊,原来发脾气也是可以的啊,原来是应该发脾气的啊。"这样孩子的情商就能进一步发展。

等孩子上小学高年级或是中学时,我们应该当好孩子的助力者。所谓助力者,不是说要万事跑在孩子前头,而是要在孩子需要建议时施以援手。我们应该培养孩子独自解决问题的能力,防止他们犯严重的错误,为他们提供简洁准确的信息。随着孩子逐渐长大,父母应该退居二线,只在孩子需要的时候站出来帮助他们,并且保持适当的距离。这也是尊重孩子感受的体现。

孩子压力过大时的几大信号

当孩子压力过大时,我们应该怎么做呢?我们要做的第一件事是思考自己该如何发现孩子的压力。当孩子能够很好地自行缓解压力时,一般会好好回答父母的问题。如果父母问"你最近在学校学习压力大吗",孩子可能会说:"嗯,最近学习的内容好难,数学学起来有点吃力,在补习班补课后感觉好一点。"小孩子则会说"我不想去幼儿园"或是"有小朋友打我"之类的话。如果孩子能好好表达,能和父母敞开心扉探讨这些问题，父母就可以不用太担心，这表明即便孩子有些压力，他们也能自己想办法缓解，父母好好配合孩子就可以了。但是，如果孩子已经这么直接地表达出来了，父母还是无动于衷，问题就可能会变得严重。当孩子说"妈妈，老师打我"的时候，如果我们说"是因为你不听话吧""你在家就不听话，怎么去幼儿园还不听话？""你应该听老师的话"，或是敷衍地应和一句："哦，是吗？"那下次孩子就不会与我们分享内心的压力，而会选择独自承受了。

当孩子内心的压力已经大到无法承受时，比起言语，他们更倾向于通过行为释放压力信号。幼儿常见的信号是肚子疼和头痛，如果孩子总是说头痛或者肚子疼，请留意并好好观察孩子。头痛和肚子疼是非常常见的毛病，引发的原因有很多，若是父母带孩子去医院检查没发现什么异常，但孩子总是嚷着疼，那么这样的症状很可能是压力导致的。

如果孩子最近总是哭泣或是突然不爱讲话，那也有可能是发生了什么事导致他的压力增大。孩子突然出现打人、咬人或是摔东西等暴力行为，也很可能是压力导致的。孩子突然变得懒散，无法集中注意力，或是突然兴奋，也很可能是由于心里有什么苦恼。当吃饭很香的孩子突然没了食欲，或是睡眠很好的孩子突然失眠或容易惊醒，家长也要格外注意。平时爱去幼儿园的孩子突然不想去了，或是不怎么黏人的孩子突然不想和妈妈分开，家长也要注意孩子是不是有什么压力。

对于已经上学的孩子，我们需要通过以下信号来判断孩子是不是压力很大：孩子突然学习能力下降；突然不做作业；平时好好吃饭的孩子忽然不去食堂；孩子一个人待在教室时，看向窗外发呆的次数增多；突然不爱说话；不怎么爱笑或经常哭泣；总是提起某个人的名字；说话间经常提到某位老师；反复说起自己因为某个人而感到不适；经常说某个人不好……即便孩子嘴上说"没关系"，父母也请记住，这些是孩子压力过大的表现，需要仔细观察孩子和他周围的人。对于中学生，即便我们问了好多次，他们也可能还是矢口否认，原因有很多：有的孩子是想要自己解决，有的孩子是害怕破坏和同学之间的关系，有的孩子是怕被报复，还有的孩子是觉得对不起爸爸妈妈或是感到丢脸。

释放压力的信号中，最值得引起重视的是孩子说出"不想活了"这句话。不管孩子是习惯性地这么说，还是因为压力过大无法承受，只要孩子说了这句话，家长就要尽快带孩子去医院接受专业的帮助，而不是自己试着帮孩子排解。即便孩子说自己只是"随口一说"，父母也要重视起来，不能因为最近孩子经常那样说就置之不理，也不要用"你在胡说什么，成天死呀活呀的"之类的话继续打击孩子。有很多家长甚至在听到孩子这么说后会继续刺激孩子："有本事真去死吧，现在就死，现在就从楼上跳下去。"家长以为这样吓唬孩子，孩子以后就不会再这么说了。还有的家长会说："你不要这么说，爸爸妈妈会担心的，别再说这种话了。"当父母听到孩子这么说时，应该观察孩子的心理状态，而不是想方设法地让孩子不再说这句话。

我们应该慎重而真诚地对待孩子的这句话，认识到"孩子现在真的压力很大"。如果孩子对我们说"不想活了"，我们应该对孩子说："看来你最近真的很痛苦啊，是因为成绩吗？还是因为学校或者老师？"家长也不要忘记带孩子接受专业的心理咨询。就算孩子只是随便说说，家长也一定要万分重视。

总结一下：如果孩子突然变得和以前不一样了，我们就可以将其看作孩子压力过大的信号。当亲子关系和谐、依恋关系稳定时，我们会更敏锐地注意到这一点。敏锐的妈妈会注意到孩子身上哪怕是最细微的变化。不仅是刚出生的时候，孩子长大后也会向父母释放有声或无声的信号。在孩子一岁前，我们需要具备孩子一有不对劲就能立马察觉的"行为敏锐度"，而孩子逐渐长大后，我们需要具备"情绪敏锐度"。在养育孩子的过程中，我们需要一直保持敏锐度，只是，随着孩子慢慢成长，我们要学会变换方式，在孩子可以接受的限度内，以对孩子有用的方式来观察孩子。

当孩子说
"啊，压力好大"的时候……

当孩子说"压力好大"或是"不想活了"的时候，我们应该怎么应对呢？很多父母听到这样的话后，比起想要帮助孩子缓解压力，更多的是感到惊慌失措，不想承认自己的孩子正在承受这样的压力。作为父母，当孩子因为一些我们不知道的事情感到痛苦时，我们会非常害怕，同时也会因为自己想不到好的解决方法而痛苦不已，因此才会在听到孩子哭喊着说"累死了"的时候，想要装作什么都没发生。这种想法其实是很危险的。

那么我们应该怎么办呢？最好的办法就是直面问题。作为父母，就算不知道孩子的压力是什么，就算不知道孩子为何会这样，我们也应该竭尽全力帮助孩子。我们可以先充分认可孩子的心情，对孩子说："听你这么说，看来你真的很痛苦啊。"然后我们可以问问孩子："如果妈妈能猜到你这样想的理由就好了，但是妈妈猜不出来，有点担心，你能跟妈妈讲一讲吗？"这时候请不要直接问孩子："你到底怎么回事？"这样可能会激起孩子的逆反心理，孩子可能会说"妈妈你都知道什么呀"，然后和妈妈吵起来。

现在的孩子不仅会在谈论令自己痛苦的事时使用"压力"一词，还会在提到自己不想做的事、想逃避的事、不满意的事时说自己有压力。当孩子听完父母的话，想要表达"我不同意你的观点，请不要再说了"的意思时，他们也会说"啊，你总这样说，我压力好大"。这时父母应该确认孩子究竟是不是觉得有"压力"。如果孩子是因为不想听父母唠叨才这么说的，那我们可以换种方式问："爸爸总说一样的话，你觉得烦了是吗？"孩子回答"是"的话，我们可以说："爸爸也不想总唠唠叨叨的，但我希望你能自己把衣服挂好。"这是帮助孩子纠正错误用词，也是让孩子不要误会自己承受了"压力"，这也是帮助孩子减轻压力的一种方法。当孩子随口说"爸爸，我压力好大，烦死了"的时候，千万不要对孩子说："你以为我压力不大吗？我也压力很大。"这样对话就无法进行下去了。

对于压力的反应是一种情绪反应，在解决孩子的压力问题时，我们应该让孩子正确捕捉自己的情绪，并为孩子指出朝着积极方向发展的几种解决办法。比如，孩子在学校弄丢了珍贵的物品，回到家后像出了大事一样哭闹不止，这时候，我们应该理解孩子的情绪并开始对话："你很难过吧，那可是你很喜欢的东西呢，爸爸很理解你现在的心情。"等孩子稍微冷静一点了，我们可以再对孩子说："怎么办呢？爸爸陪你一起找找好吗？找不到的话明天去问问老师和同学们有没有看到，好不好？"我们要以这种方式告诉孩子，不要感情用事，要思考找到物品的方法。如果孩子坚持说"找不到了"，请帮助孩子想其他办法。如果还能再买到这件物品，我们可以向孩子提议："好好存钱，明年生日的时候再去买一个，如果你的钱不够，爸爸可以给你补上。"在这种情况下，对孩子说"别哭了，爸爸再给你买一个"，或是批评孩子"所以我说不让你带去学校吧，谁让你非要带去"之类的话对孩子是没有任何帮助的。我们应该帮助孩子直面现实，并帮助他们减轻压力。

　　缓解压力的过程其实也是一种锻炼，持续练习，以后孩子遇到类似的问题就不会情绪失控，而是能够游刃有余地解决问题。我们要做的是告诉孩子朝着什么方向解决问题。比如，当孩子发火时，我们可以说："人人都会发火，我们需要表达自己的愤怒，但是，生活中令我们生气的事情太多了，我们要学会适度地发火。"在这里,"适度地发火"便是方向。"适度地发火需要学习和练习,这不是不让你发火,而是让你把握好度。"父母这样告诉孩子后,孩子就会明白"啊,我以后发火的时候要把握好度",并按照这个方向去努力。但如果爸爸妈妈说"你对谁发火呢"或是"人人都会发火,你尽情发吧",孩子就会不知道该朝着哪个方向解决问题。之后,孩子每次都会以同样的错误方式解决问题。因此,父母需要在孩子感觉有压力时,为孩子指明正确的解决方向。

各位父母还记得第一次教孩子走路的时候吗?父母在前面握着孩子的手走,孩子迈一步,父母后退一步,以此来告诉孩子前进的方向。孩子看到父母的脚步,便知道"啊,我应该朝那个方向走"。父母笑着后退的时候,孩子会想"往那个方向走是安全的"。当孩子遇到压力时,父母不应该发火或是情绪失控,而应该用温和理智的语气鼓励孩子,支持孩子,这样孩子才会感到安心,勇敢地跨过这道坎。

孩子的坏心情和负面情绪，
都是孩子自己的事

得知了孩子的心声后，有的父母会很想帮助孩子彻底消除内心的各种负面情绪，只要能做到，恨不得什么都替孩子做。但是，孩子的内心世界是他们自己的专属天地，孩子的问题只有他们自己才能解决。我们可以和他们商量讨论，帮助他们减轻压力，但我们不能替他们解决问题。我们必须遵守"孩子的责任"和"我的责任"之间的界限。

有个小学生没有收到班主任的家长信，回到家后很担心，父母说明天去学校跟老师说一下就可以了，但孩子说："我不敢说，妈妈去说吧。"孩子刚上学时，这种事情是很常见的。这时候，父母应该再次对孩子说："你去说吧。"父母也可以教给孩子具体的话:"老师,我昨天没有收到家长信,您能给我吗?"第二天,父母可以问问孩子:"有没有跟老师说?"孩子说:"太难为情了,我张不开嘴。"这时候,父母可以对孩子说:"那就把妈妈想象成你的班主任,对妈妈试着说一次吧。"然后,父母要陪着孩子练习。当孩子叫出"老师"时,父母应该配合着说"怎么啦",再教孩子说"我昨天有东西没收到"。练习几次后,即便还有些羞涩,孩子也能够把话说出口了。

万一孩子还是说不出口,父母可以对孩子说:"你要是实在开不了口,可以写小纸条给老师。"然后父母可以让孩子在纸条上写下想说的话再交给老师,这是父母在帮助孩子解决问题。其实,父母直接联系老师会更容易,但这样一来,就成了父母替孩子解决问题,而不是孩子独立解决了问题。父母可能是因为急着解决问题,也可能是因为不想让班主任看到孩子胆怯的模样,但要想真心帮助孩子,这样做是不可取的。孩子恰恰是因为觉得和班主任沟通很难才感到有压力,父母应该后退一步,创造让孩子与老师双向沟通的机会。

孩子其实并不弱小,他们比我们想象中更具有主观能动性。学会了爬行的孩子只要手边有能扶的东西就会扶着站起来,蹒跚学步的孩子摔倒了几十次也会再次站起来摇摇晃晃学走路,这都是孩子面对挑战时发挥主观能动性的表现,也是刻在人类基因里的本能。只要不是患了严重疾病，孩子都会为了适应环境而付出努力，父母只要在一旁帮助就好了，和孩子一起讨论，帮孩子出主意，跟孩子一起找到问题的解决办法。

如果父母自身无法提供这些帮助，那么可以寻求专家的帮助，如果因为心疼孩子主动帮孩子承担一切，反而会阻碍孩子环境适应能力的发展。这样一来，孩子长大后就可能无法应对压力，在经受同样的压力时，也会比旁人痛苦。

有的父母认为压力一定是坏事，因此总想替孩子扫清障碍，并在这个过程中不知不觉插手太多。他们看不得孩子受苦，明明是孩子不开心受委屈，到头来却是父母因为孩子受苦而无法控制自己的情绪。压力大的时候谁都会痛苦万分，但是，处理压力事件的过程会让人成长。孩子只有自己解决了各种问题，才能闯出自己的一片天地。

不知道就说不知道，最重要的永远是真诚

除了书中提到的情况，让孩子有压力的事还有很多很多。遇到问题请不要慌张，当感到疲惫时，最能鼓舞人的永远都是和重要的人之间的真挚交流和沟通。那么，什么才算是真挚的交流和沟通呢？比如，当孩子大哭的时候，父母可以问问孩子："你哭成这样，一定有什么不开心的事吧？"请不要强迫孩子说出自己哭泣的原因，而父母推测出奇怪的理由也会增加孩子的压力。当孩子表现出自己无法处理的负面情绪时，父母需要尝试着理解。请不要指责孩子表现出的情绪。父母只要这样说就好了："你是因为难过才哭的吗？还是因为生气才哭

的？虽然妈妈不知道你为什么生气，但我知道你现在很不舒服。"这才是感同身受。不要急于找到孩子哭的原因，请先真诚地解读孩子此时此刻表现出的情绪，做好这一点，孩子心里的难过情绪就能少一半了。

和孩子沟通时，如果我们不真诚，一定会产生问题。假设现在孩子和家长都在生气，家长强忍着没有发火，想着从网上或者书里学来的方法，假装对孩子说"知道了，我知道你现在很伤心"。说了几遍后，孩子还是大哭不止或是闹脾气，父母的想法就会变成"我都这么跟他说了，他为什么还这样"。等到忍不住了，父母就会对孩子大喊："别闹啦！我上一天班都快累死了，还得伺候你吃饭，送你去幼儿园，下班回家后还要做饭、洗碗、做家务，我都没抱怨，你到底为什么这样啊？"

其实，父母没法控制自己的情绪是父母自己要解决的问题，这并不是正在生气的孩子的错。但是，父母不认为这是自己需要解决的问题，他们会抱怨孩子："我们家孩子事儿太多了，我真是拿他没办法了，我永远都斗不过他。"这样一来，孩子肯定会被吓到：五分钟之前爸爸妈妈还说理解自己，怎么突然就瞪着眼对自己大吼大叫。真诚的沟通是指要告诉孩子"你不用闹，妈妈也能知道你有不开心的事"，如果孩子还是继续闹，我们可以说："你一直这样，妈妈不知道该怎么解决问题了,你先冷静一下,别生气了,好不好?"

不真诚的沟通还会带来一个危害:父母忍不住爆发后,会产生负罪感。在教育孩子的时候,父母需要明确地告诉孩子哪些是正确的事,哪些是在特定的场合不能做的事,哪些是有危险、从一开始就绝对不能做的事。这时候,即便父母看到孩子掉眼泪,也要明确地告诉孩子"不行""不可以""赶快下来"。当然,在说这些的时候,不要生气或是情绪激动,只有这样,孩子才能真正学会生活中的各项规则。

在经过了大量练习,终于要和孩子真诚地沟通时,很多父母会怀有隐隐的期待,期待孩子听了自己的话后会感动到一下子就改掉所有的毛病。这是不可能的,请父母不要怀有这样的期待。父母要做的就是无条件地直面孩子感受到的情绪,不论是委屈、伤心,还是自卑。等到父母能够熟练地和孩子真诚沟通后,当孩子遇到困难时,他们首先会想到的人就是父母。

我常遇到一些想成为孩子人生导师的父母,他们一刻不停地给孩子制定人生目标并催着孩子达成,把孩子的成败看得极为重要。我经常会问这样的父母:"您真的认为自己是对孩子有帮助的人生导师吗?"人生导师是指用智慧和信任引导他人的人生指导者。即便具备了作为人生导师的品质,父母也无法成为自己孩子的人生导师，因为作为父母，我们很难对孩子保持客观，会用过于主观的视角看待问题。

我希望父母能够纯粹地扮演好父母的角色，当发现了孩子隐藏的伤口时，无意中窥探到孩子的真心时，父母能像与孩子融为一体一般，共同懊恼伤心，共同泪流满面。请不要忘记此时此刻感受到的这颗"滚烫的心"。孩子在心灵受到伤害时会非常痛苦，家长要先安慰孩子，在孩子冷静后再给予正确的指导。记住，父母不是评判者，而是孩子成长的助力者，当父母成为评判者时，孩子已经受伤的心灵会再次受创。

小孩子偶尔会这样说："妈妈不向着我，向着我朋友。"我希望孩子以后能说："我的爸爸妈妈永远都会站在我这边。"当孩子感到身心疲惫时，父母应该成为孩子最坚实的依靠。不要试图对孩子付出太多，也不要扮演太多角色，作为父母，请不要成为对孩子来说至高无上的存在，父母只要把"父母"这个角色扮演好就可以了。

让孩子心累的家长类型 ②

表情木讷僵硬的爸爸妈妈

父母总是摆着一张"扑克脸"的话，会不利于孩子的情商发展。孩子在6个月大时会逐渐学会爬行，在空间上会逐渐与妈妈分开，会认识到自己和妈妈并不是共生的关系，比如："咦？我在这里，妈妈怎么在那里？"孩子在区分妈妈和自己的时候，会产生"社会性参照"的概念。当自己做了什么吸引了妈妈的目光时，孩子会意识到："啊，原来妈妈喜欢这个。"当妈妈的表情愉快时，孩子会接收到这样的信息："可以这样做""我做得很好""看来应该是这样的"。当妈妈的表情严肃时，孩子会觉得"看来不能摸这个""我做错了吗""这个不是这样做的"，然后会停止当前的行动。从这时开始，孩子会逐渐发展出看人眼色的能力。但如果父母的表情无法给孩子传递有效信号，孩子就会对他人的目光和评价过于敏感，或是成长为很迟钝的人。因此，父母应该通过声音或是表情传递自己的喜怒哀乐，开心的时候、感到幸福的时候、悲伤的时候都应该做出不同的表情。虽说父母在生气的时候有必要冷静一下再表达情绪，但很多时候，父母也需要如实地把情绪表现出来，让孩子看到。

在孩子情商发展的初期，父母表情木讷会给孩子造成不好的影响。因此，父母需要多做练习，嗓门儿大的人要降低音量、说话快的人要放慢速度，如果说话语气过于生硬，可以试试话尾语气轻轻上扬。父母也可以多练习做些惊讶的表情，或是练习大笑和微笑。

总爱说"我们那时候"的爸爸妈妈

有位爸爸认为，学习是个人的事情，不想把孩子送去补习班。这位爸爸动不动就说："你知道你现在有多幸福吗，我们那时候……"我会问这位爸爸："那时候有冰箱吗？"现在不仅家家有冰箱，甚至还有专门存放泡菜的冰箱，现在的时代和以前截然不同了。孩子最不想听父母说的就是父母小时候曾经吃了多少苦。"我们那时候吃不饱穿不暖，也没钱上学，你们现在多幸福啊。"这样的话并不会让孩子对拥有的一切怀有感激之情，而是会让孩子产生"我的爸爸妈妈不懂变通，死板僵硬，不能接受当今世界的变化"的想法，进而觉得自己没法和这样的爸爸妈妈讨论现在的问题。这样的爸爸妈妈没有活在当下，而是活在过去，他们并不会想要找出实际可行的解决办法。请各位想一想，您总是说"我们那时候"，是不是因为您并不了解当下孩子的现实生活呢？父母不了解孩子当下的生活，才总会提起自己熟悉的以前的事情。

当孩子提到自己的难处时，父母用"你知道现在自己有多幸福吗"来回应，也同样会让孩子感到难受。孩子对父母说："我觉得学校食堂的饭太难吃了，我想吃三角饭团，请给我零花钱。"很多父母会说："还有很多孩子吃不上饭呢，你现在已经很幸福了。"孩子会觉得很郁闷，于是不愿再开口向父母陈述自己的难处。孩子往往会说着"知道了，知道了"，心里想着"那就饿着好了"。由于感受到了巨大的代沟，孩子会感觉无法与父母沟通。

不论什么都反驳的爸爸妈妈

有的父母会为了反驳而反驳，就连看新闻的时候也会气呼呼地说："这是说什么呢？谁会相信啊？"如果父母总是摆出一副反驳的样子，孩子在耳濡目染下可能也会反驳父母，不管父母说什么都不听。他们无法相信别人，因而总是发脾气。这些人不是在"评判"，而是在"非议"别人。"非议"的根源是愤怒、敌对心和报复心，而"评判"是会兼顾对方的立场的。

如果您发现自己不是在以合理的、理性的、冷静的批判性思维看待世界，而是事事都想非议，那么请反思一下自己心里是不是有愤怒、敌对心和报复心等情绪。如果总在孩子面前反驳别人，那您并不是在教孩子认识世界，而是在给孩子展示自己的愤怒和敌对心。这是一种报复，"非议"别人的人一般并不是结合具体的事件，而是针对所有的人和集体。如果父母总是在孩子面前展示这样的面貌，孩子也会效仿的。

自以为很了解孩子的爸爸妈妈

在孩子来咨询的时候,有些妈妈会说明孩子的情况,但在一旁的孩子总是说:"妈妈,不是这样的。"孩子的妈妈则会打断孩子说:"妈妈清楚着呢。"孩子无可奈何地说:"都说了不是这样的,你为什么总是这样啊。"很多父母喜欢替孩子说他们的想法或者来咨询的事由,在孩子说话的时候也会随时插嘴,因此,我在咨询时一般会先让孩子一个人进来。

很多父母觉得自己很了解孩子,但他们绝不会比孩子本人更加了解。父母总是凭借自己的主观判断下结论,结果误会了很多事。比如,孩子在学校不好好吃饭,老师也说"你们家孩子最近不太爱吃饭呢",父母就自以为是地说:"他本来就有点挑食。"但其实,孩子是因为被欺负了觉得很烦恼才不想吃饭的。

当出现问题时,我们一定要直接问孩子:"听说你最近在学校不好好吃饭,这是为什么呀?"即便孩子不想说,我们也要小心翼翼地继续追问:"是在担心什么事情吗?你最近脸色不太好,和这有什么关系吗?"

如果父母没能说中孩子的心情,孩子就会对父母失去信任。不管父母多么相信自己了解孩子,具体的事情也一定要向孩子本人问清楚,而且请不要像审问犯人一样问孩子,要像完全不了解情况一样耐心地询问孩子。最后,我想拜托各位父母,不要在搜索网站上查询自己孩子的心思,如果好奇孩子到底为什么这样,请鼓起勇气直接问你的孩子吧!

回到教养的起点,
看到真实的孩子